Clover Series

English Day!

Robert Hickling

KINSEIDO

Kinseido Publishing Co., Ltd.
3-21 Kanda Jimbo-cho, Chiyoda-ku,
Tokyo 101-0051, Japan

First published 2023 by Kinseido Publishing Co., Ltd.

Design　Nampoosha Co., Ltd.
Illustrations　Yukiko Abe

Photos
p.52　© Frans Blok | Dreamstime.com
p.58　© Fabio Diena | Dreamstime.com

音声ファイル無料ダウンロード

https://www.kinsei-do.co.jp/download/4169

この教科書で DL 00 の表示がある箇所の音声は、上記 URL または QR コードにて無料でダウンロードできます。自習用音声としてご活用ください。

- ▶ PC からのダウンロードをお勧めします。スマートフォンなどでダウンロードされる場合は、**ダウンロード前に「解凍アプリ」をインストール**してください。
- ▶ URL は **検索ボックスではなくアドレスバー（URL 表示欄）** に入力してください。
- ▶ お使いのネットワーク環境によってはダウンロードできない場合があります。

CD 00　左記の表示がある箇所の音声は、教室用 CD（Class Audio CD）に収録されています。

はじめに

*English Day!*は、基礎レベルの大学生を特に念頭に置いて作られています。リスニング、スピーキング、リーディング、ライティングの力を伸ばすことを目指して、難易度はコントロールされています。トピックは、「学校へ行く準備をする」「ランチを食べる」「友人に会う」といった大学生が日常的によく出合うようなものばかりです。イラストや写真がふんだんに使用されており、また日本語のサポートもあるので、くじけることなく飽きずに取り組むことができます。

本書は各Unitが6ページから成り、全部で15のUnitがあります。JayとMaiという2人の大学生の1日を、朝起きてから次の日の朝まで時系列に沿って追いかける設定になっており、ユーモラスで思いがけないストーリーが展開します。

各Unitの構成は以下の通りです。

Words & Expressions

ウォームアップのアクティビティとして、よく使う日常表現とイラストをマッチさせます（6問／3～5分）

Conversation

A 60～90語程度の会話を聞いて、まずは全体を理解するためにイラストの順番を並べ替えます（4問／3～5分）

B 再び会話を聞いて、今度はより具体的な情報を理解するためにT/F問題に答えます（3問／3～5分）

C もう一度会話を聞いて、スクリプト中の空所の語句を書き取ります。空所は次のページで学習する文法項目に関連しています（6問／3～5分）
＊ペアになって会話を読むことで、スピーキングの練習としても使えます

Grammar

各Unitで学ぶ文法項目は、理解しやすいように要点にフォーカスして日本語で簡潔に説明されています。また、その文法項目がどのように使われるのかが簡単な例文によって示されています（15～20分）

Grammar Quizzes

A 学習した文法項目の理解を確かなものにするために、空所に入る語句を選択肢から選んで短い英文を完成させます（8問／7～8分）

B 日本語の意味に合うように、英文の空所に語句を記入します。**A** よりも少し難易度が高くなります（7問／7～8分）

Short Conversations

2つの短い日常会話を聞いて、空所に入る語句を選択肢から選んで会話を完成させます（3問×2セット／7～8分）

＊ペアになって会話を読むことで、スピーキングの練習としても使えます

Reading

A 80語前後の短い文章を読んで、空所に入る語句を選択肢から選んで文章を完成させます（4問／10分）

B 再び文章を読んで、内容理解のためのT/F問題に答えます（3問／5分）

Writing

A 表の中のある人物に関する簡単な情報を読んで、与えられた語句を使って短い文章を完成させます（5分）

B 今度は **A** の表に自分の情報を書き、それをもとに自分についての文章を完成させます（10～15分）

＊ペアの相手に自分の書いた文章を読んだり、クラスの前で短いプレゼンテーションを行なったりすることで、スピーキングの練習としても使えます

最後に、本書の制作にあたり、金星堂のみなさまから多くの助言、支援をいただきました。この場をお借りしてお礼申し上げます。

Robert Hickling

本書はCheckLink（チェックリンク）対応テキストです。

CheckLinkのアイコンが表示されている設問は、CheckLinkに対応しています。

CheckLinkを使用しなくても従来通りの授業ができますが、特色をご理解いただき、授業活性化のためにぜひご活用ください。

CheckLinkの特色について

大掛かりで複雑な従来のe-learningシステムとは異なり、CheckLinkのシステムは大きな特色として次の３点が挙げられます。

1. これまで行われてきた教科書を使った授業展開に大幅な変化を加えることなく、専門的な知識なしにデジタル学習環境を導入することができる。
2. PC教室やCALL教室といった最新の機器が導入された教室に限定されることなく、普通教室を使用した授業でもデジタル学習環境を導入することができる。
3. 授業中での使用に特化し、教師・学習者双方のモチベーション・集中力をアップさせ、授業自体を活性化することができる。

▶教科書を使用した授業に「デジタル学習環境」を導入できる

本システムでは、学習者は教科書のCheckLinkのアイコンが表示されている設問にPCやスマートフォン、アプリからインターネットを通して解答します。そして教師は、授業中にリアルタイムで解答結果を把握し、正解率などに応じて有効な解説を行うことができるようになっています。教科書自体は従来と何ら変わりはありません。解答の手段としてCheckLinkを使用しない場合でも、従来通りの教科書として使用して授業を行うことも、もちろん可能です。

▶教室環境を選ばない

従来の多機能なe-learning教材のように学習者側の画面に多くの機能を持たせることはせず、「解答する」ことに機能を特化しました。PCだけでなく、一部タブレット端末やスマートフォン、アプリからの解答も可能です。したがって、PC教室やCALL教室といった大掛かりな教室は必要としません。普通教室でもCheckLinkを用いた授業が可能です。教師はPCだけでなく、一部タブレット端末やスマートフォンからも解答結果の確認をすることができます。

▶授業を活性化するための支援システム

本システムは予習や復習のツールとしてではなく、授業中に活用されることで真価を発揮する仕組みになっています。CheckLinkというデジタル学習環境を通じ、教師と学習者双方が授業中に解答状況などの様々な情報を共有することで、学習者はやる気を持って解答し、教師は解答状況に応じて効果的な解説を行う、という好循環を生み出します。CheckLinkは、普段の授業をより活力のあるものへと変えていきます。

上記３つの大きな特色以外にも、掲示板などの授業中に活用できる機能を用意しています。従来通りの教科書としても使用はできますが、ぜひCheckLinkの機能をご理解いただき、普段の授業をより活性化されたものにしていくためにご活用ください。

CheckLink の使い方

CheckLink は、PC や一部のタブレット端末、スマートフォン、アプリを用いて、この教科書にある CheckLink のアイコン表示のある設問に解答するシステムです。

・初めて CheckLink を使う場合、以下の要領で **「学習者登録」** と **「教科書登録」** を行います。
・一度登録を済ませれば、あとは毎回 **「ログイン画面」** から入るだけです。CheckLink を使う教科書が増えたときだけ、改めて **「教科書登録」を行ってください。**

CheckLink URL

https://checklink.kinsei-do.co.jp/student/

登録は **CheckLink 学習者用アプリ**が便利です。ダウンロードはこちらから ▶▶▶

▶学習者登録 (PC／タブレット／スマートフォンの場合)

①上記 URL にアクセスすると、右のページが表示されます。学校名を入力し「ログイン画面へ」を選択してください。
PC の場合は「PC 用はこちら」を選択して PC 用ページを表示します。同様に学校名を入力し「ログイン画面へ」を選択してください。

②ログイン画面が表示されたら **「初めての方はこちら」** を選択し「学習者登録画面」に入ります。

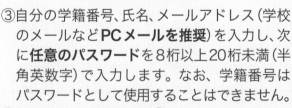

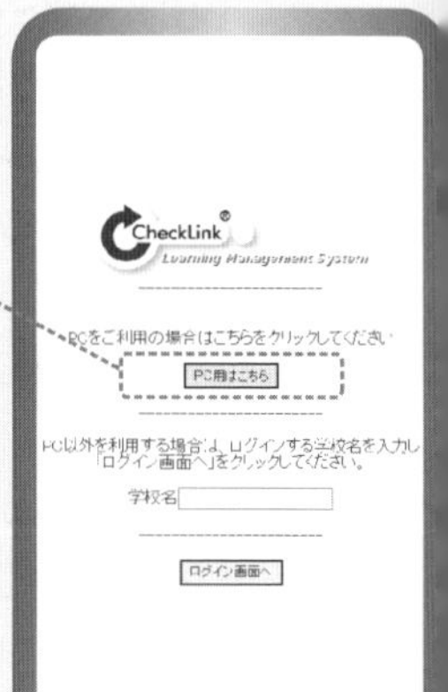

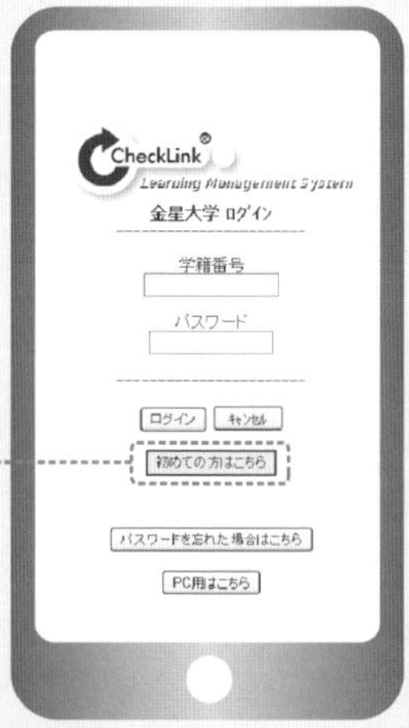

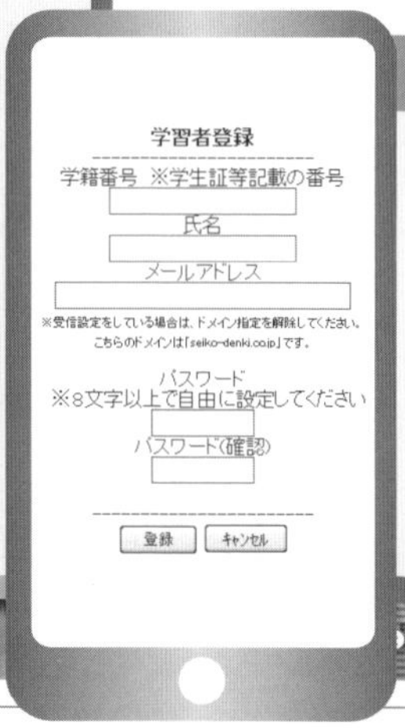

③自分の学籍番号、氏名、メールアドレス (学校のメールなど **PC メールを推奨**) を入力し、次に**任意のパスワード**を 8 桁以上 20 桁未満 (半角英数字) で入力します。なお、学籍番号はパスワードとして使用することはできません。

④「パスワード確認」は、❸で入力したパスワードと同じものを入力します。

⑤最後に「登録」ボタンを選択して登録は完了です。次回からは、「ログイン画面」から学籍番号とパスワードを入力してログインしてください。

▶教科書登録

①ログイン後、メニュー画面から「教科書登録」を選び（PCの場合はその後「新規登録」ボタンを選択）、「教科書登録」画面を開きます。

②教科書と受講する授業を登録します。教科書の最終ページにある、**教科書固有番号**のシールをはがし、印字された**16桁の数字とアルファベット**を入力します。

③授業を担当される先生から連絡された**11桁の授業ID**を入力します。

④最後に「登録」ボタンを選択して登録は完了です。

⑤実際に使用する際は「教科書一覧」（PCの場合は「教科書選択画面」）の該当する教科書名を選択すると、「問題解答」の画面が表示されます。

▶問題解答

①問題は教科書を見ながら解答します。この教科書のCheckLinkのアイコン表示のある設問に解答できます。

②問題が表示されたら選択肢を選びます。

③表示されている問題に解答した後、「解答」ボタンを選択すると解答が登録されます。

▶CheckLink 推奨環境

PC

推奨 OS

Windows 7, 10 以降
MacOS X 以降

推奨ブラウザ

Internet Explorer 8.0 以上
Firefox 40.0 以上
Google Chrome 50 以上
Safari

携帯電話・スマートフォン

3G 以降の携帯電話（docomo, au, softbank）
iPhone, iPad（iOS9 〜）
Android OS スマートフォン、タブレット

・最新の推奨環境についてはウェブサイトをご確認ください。
・上記の推奨環境を満たしている場合でも、機種によってはご利用いただけない場合もあります。また、推奨環境は技術動向等により変更される場合があります。

▶CheckLink 開発

CheckLink は奥田裕司 福岡大学教授、正興 IT ソリューション株式会社、株式会社金星堂によって共同開発されました。

CheckLink は株式会社金星堂の登録商標です。

CheckLink の使い方に関するお問い合わせは…

正興 IT ソリューション株式会社　CheckLink 係

e-mail checklink@seiko-denki.co.jp

Contents

An English Day in the Life!

Unit 1 8:00 AM 起床

大学生のJayは朝が苦手なようです

Unit 6 3:00 PM 買い物

Jayは洋服の買い物中です

Unit 7 4:00 PM 移動中

Jayは道に迷ってしまったようですね

Unit 8 4:30 PM 美術館で

JayとMaiは美術館で絵を楽しんでいます

Unit 9 5:00 PM カフェで

カフェで休憩中のJayとMai

Unit 14 6:00 AM 土曜日の朝

いつもは寝坊するJayがなぜか早起きしていま

Unit 15 6:30 AM 朝の運動

JayはMaiと早朝の公園に来ました

Unit 2 6:45 AM 朝食

同じく大学生のMaiはひと足先に朝食中です

Unit 3 8:15 AM 準備中

Jayは学校へ行く準備をしています

Unit 4 9:10 AM 授業

1コマ目の授業に到着したJayですが…

Unit 5 12:15 PM 昼休み

ランチを食べているJayにアクシデントが！

Unit 10 8:00 PM アルバイト

Jayはコンビニでアルバイトをしています

Unit 11 9:45 PM アルバイト終了

仕事を終えたJayは帰宅します

Unit 12 10:30 PM 家事

Jayは姉のSueに何か頼んでいるようです

Unit 13 11:30 PM リラックス

長い1日を終え、ようやくゆっくりできます

Unit 1

8:00AM

Getting Up

現在時制（be 動詞）

Words & Expressions

日本語の意味になるように、a～f から当てはまる表現を選んで書きましょう。その後で、音声を聞いて答えを確認しましょう。

CheckLink DL 02 CD 02

a. ***get up*** b. ***wake up*** c. ***be awake***

d. ***feel sleepy*** e. ***oversleep*** f. ***turn off the alarm***

2. ________________________
（目覚ましを止める）

1. ________________________
（目覚める）

3. ________________________
（眠い）

6. ________________________
（寝坊する）

4. ________________________
（起床する）

5. ________________________
（目が覚めている）

Conversation

Jayは目を覚ましましたが、少し混乱しているようです……

A 会話を聞いてA～Dのイラストを順番に並べ替えましょう。

CheckLink DL 03 CD 03

A

B

C

D

1. ☐ ➡ **2.** ☐ ➡ **3.** ☐ ➡ **4.** ☐

B もう一度会話を聞いて、質問が正しければTを、正しくなければFを選びましょう。

CheckLink DL 03 CD 03

1. Today is Monday. T / F

2. Jay's class is at 9:00. T / F

3. The bus to the university is in 20 minutes. T / F

C もう一度会話を聞いて空所の語句を書き取りましょう。 DL 03 CD 03

Mom: Good morning, Jay. [1]________ eight o'clock. … Jay! … JAY!!
… **JAY!!!** [2]________ you awake?

Jay: … I [3]________ now. UGH! Mom, you know I always sleep in on Saturdays.

Mom: Yes, but today [4]________ Saturday, Jay—it's Friday.

Jay: Friday?! … Oh, no! I have a nine o'clock class with Professor Kibshee.
She [5]________ very strict. She gives extra homework to late students.

Mom: Then hurry! Your bus to the university [6]________ in … 12 minutes.

NOTES sleep in 遅くまで寝る strict 厳しい extra 追加の

Grammar

現在時制（be動詞）

be動詞は文の主語と、その主語に情報を付け加える語句とを結びつけます。たとえば、次のような使い方をします。

1 〈名詞や、いくつかの語が集まって名詞の働きをするもの〉が後ろに続く

I am a university student.（私は大学生です） 主語 I 情報 a university student

Jim and Karen are friends.（ジムとカレンは友だちです） 主語 Jim and Karen 情報 friends

2 〈形容詞〉が後ろに続く

These apples are delicious.（このリンゴはおいしいです） 主語 apples 情報 delicious

This book is interesting.（この本はおもしろいです） 主語 book 情報 interesting

3 〈前置詞＋名詞〉が後ろに続く

John is from England.（ジョンはイギリスの出身です） 主語 John 情報 from England

The keys are on the table.（カギはテーブルの上にあります） 主語 keys 情報 on the table

● be動詞の文：主語によってbe動詞は形が変わります。

I am ...	you / we / they are ...	he / she / it is ...
(I'm ...)	(you / we / they're ...)	(he / she / it's ...)

I'm late. / They're classmates. / He's at the bookstore.

● be動詞の否定文：be動詞の後ろにnotをつけます。

I am not ...	you / we / they are not ...	he / she / it is not ...
(I'm not ...)	(you / we / they aren't ...)	(he / she / it isn't ...)

I'm not late. / They aren't classmates. / He isn't at the bookstore.

● be動詞の疑問文：be動詞を文の先頭に持ってきて、最後に？をつけます。

Am I ...?	Are you / we / they ...?	Is he / she / it ...?
-Yes, I am.	-Yes, you / we / they are.	-Yes, he / she / it is.
-No, I am not.	-No, you / we / they are not.	-No, he / she / it is not.
(No, I'm not.)	(No, you / we / they aren't.)	(No, he / she / it isn't.)

Am I late? / Are they classmates? / Is he at the bookstore?

Grammar Quizzes

A (　　) 内の a または b から適当な語句を選んで文を完成させましょう。 CheckLink

1. The class (a. are　b. is) very interesting.
2. We (a. aren't　b. isn't) members of a fitness club.
3. (a. Are　b. Is) Harry a good singer?
4. The weather (a. isn't　b. aren't) very nice today.
5. (a. Are　b. Is) this wine from Italy?
6. Brad and Paul (a. are　b. is) good friends.
7. (a. Am I late　b. Late am I) for the meeting?
8. (a. Are new your shoes　b. Are your shoes new)?

B 日本語の意味に合うように、be 動詞を使って文を完成させましょう。

1. Mike and I ________ roommates.
(マイクと僕はルームメイトです)

2. Peter and Linda ________ at school today.
(ピーターとリンダは今日学校にいません)

3. Excuse me, ________ this the way to the zoo?
(すみません、これは動物園への道ですか)

4. ________ you usually tired after dinner?
(夕食の後、あなたはたいてい疲れていますか)

5. I ________ interested in music.
(私は音楽に興味があります)

6. The bookstore ________ open on Mondays.
(その書店は月曜日は開いていません)

7. Jason, turn off your alarm. It ________ really noisy!
(ジェイソン、アラームを止めてちょうだい。すごくうるさいから！)

Short Conversations

(　　) 内のaまたはbから適当な語句を選んで会話を完成させましょう。その後で、音声を聞いて答えを確認しましょう。 CheckLink DL 04 ~ 05 CD 04 ~ CD 05

A **M:** This speech [1](**a.** are **b.** is) really long! Look—a lot of people [2](**a.** are **b.** aren't) asleep.

W: Yeah, [3](**a.** it's **b.** it isn't) very interesting. I feel sleepy, too.

NOTE asleep 眠って

B **W:** Excuse me. [1](**a.** Are **b.** Is) this the express train to Greenville Station?

M: No, [2](**a.** it's **b.** it isn't) a local train. The next express train [3](**a.** are **b.** is) at 10:23.

NOTES express train 急行電車 local train 各駅電車

Reading

A 次の文を読み、選択肢から適当な語句を選んで空所に書きましょう。その後で、音声を聞いて答えを確認しましょう。 CheckLink DL 06 CD 06

Morning Larks and Night Owls

Mai [1] ________ a morning person, or morning lark. Like the bird, she naturally gets up with the sun—alert and active. She becomes sleepy around 9 p.m. and goes to bed early. Jay [2] ________ a morning person. [3] ________ a night person, or night owl, and is naturally active at night. He goes to bed at 2 or 3 a.m., and gets up late in the morning or early afternoon. And you? [4] ________ a morning lark or a night owl?

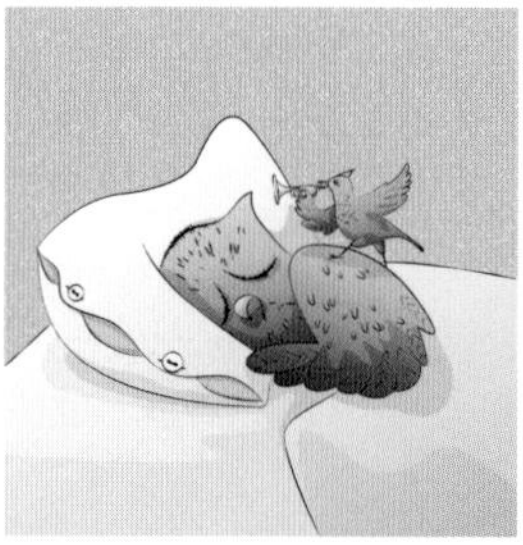

1. **a.** are	**b.** is	**2.** **a.** is	**b.** isn't
3. **a.** Is he	**b.** He's	**4.** **a.** Are you	**b.** You are

NOTES lark ヒバリ owl フクロウ naturally 自然に alert キビキビした

B もう一度読んで、質問が正しければTを、正しくなければFを選びましょう。 CheckLink

1. Larks wake up early. T / F
2. A lark is alert and active in the early evening. T / F
3. Night owls are very sleepy at night. T / F

Writing

A 表の情報をもとに、与えられた語句を使ってKarenについての文章を完成させましょう（be動詞は正しい形に変えましょう）。

		You
Name（名前）	Karen Smith	
Occupation（職業）	Office worker	
Age（年齢）	23	
Usual bedtime on Saturday（土曜日のいつもの就寝時刻）	10:00	
Usual wake-up time on Sunday（日曜日のいつもの起床時刻）	5:00	
Morning lark / Night owl（朝型 / 夜型）	Morning lark	

be be be be around

Her name [1] ________ Karen Smith. She [2] ________ an office worker. She [3] ________ 23 years old. She usually goes to bed at 10:00 p.m. on Saturdays. On Sundays, she gets up [4] ________ 5 a.m. She [5] ________ a night owl.

B 今度は **A** の表に自分の情報を記入しましょう。その後で、**A** を参考にして自分のことを書いてみましょう。

My name ________________. I ________________.

I ________ years old. I usually go to bed at ________ on Saturdays. On Sundays, I get up ________. I ________________.

Unit 2

6:45 AM

Breakfast Time

現在時制（一般動詞）

Words & Expressions

日本語の意味になるように、a～f から当てはまる表現を選んで書きましょう。その後で、音声を聞いて答えを確認しましょう。

CheckLink DL 07 CD 07

a. ***have breakfast*** b. ***skip breakfast*** c. ***drink a glass of juice***

d. ***make breakfast*** e. ***make coffee*** f. ***watch TV***

2. ______________________
（朝食を食べる）

1. ______________________
（朝食を作る）

3. ______________________
（コーヒーを入れる）

6. ______________________
（朝食を抜く）

4. ______________________
（コップ1杯のジュースを飲む）

5. ______________________
（テレビを見る）

Conversation

Maiは新しいルームメイトのCamilaと朝食を食べながら会話をしています。

A 会話を聞いてA～Dのイラストを順番に並べ替えましょう。

CheckLink DL 08 CD 08

A

B

C

D

1. ☐ ➡ **2.** ☐ ➡ **3.** ☐ ➡ **4.** ☐

B もう一度会話を聞いて、質問が正しければTを、正しくなければFを選びましょう。

CheckLink DL 08 CD 08

1. Mai goes jogging every day. T / F

2. Camila always eats breakfast. T / F

3. Camila likes the juice. T / F

C もう一度会話を聞いて空所の語句を書き取りましょう。 DL 08 CD 08

Camila: Do you always get up early, Mai?

Mai: Yes, I [1] ________ jogging every morning at 6:00. Then I [2] ________ breakfast. [3] ________ you want some granola, Camila? It's very healthy.

Camila: Well, I [4] ________ usually eat breakfast, but … OK.

Mai: Here you are. … And here's some juice. I [5] ________ it with carrots, apples and bananas.

Camila: Thanks, Mai. … Mmm, it's delicious. I [6] ________… very healthy!

NOTES granola グラノーラ（穀物やナッツなどが入ったシリアル食品） Here you are. はいどうぞ。

Grammar

現在時制（一般動詞）

一般動詞の現在形は、たとえば、次のような使い方をします。

1 〈現在の事実〉を表す

We live in New York.（私たちはニューヨークに住んでいます）

2 〈現在の定期的なできごと〉を表す

Karen exercises every day.（カレンは毎日運動します）

3 〈変わることのない事実〉を表す

Water freezes at 0°C.（水は摂氏0℃で凍ります）

● 一般動詞の文：主語によって一般動詞の終わりにsやesがつくことがあります。
不規則に変化することもあります。

I / you / we / they like, play, study, watch, do, have, go ...
he / she / it likes, plays, studies, watches, does, has, goes ...

I like sushi. / She studies Italian. / He watches a lot of movies.
She does homework. / He has a camera. / It goes to the station.

● 一般動詞の否定文：一般動詞の前にdo not (don't) またはdoes not (doesn't) を入れます。
主語によって一般動詞の形が変わることはありません。

I / you / we / they do not (don't) like, play, study, watch, do, have, go ...
he / she / it does not (doesn't) like, play, study, watch, do, have, go ...

I don't like sushi. / She doesn't study Italian. / He doesn't watch a lot of movies.
She doesn't do homework. / He doesn't have a camera. / It doesn't go to the station.

● 一般動詞の疑問文：DoまたはDoesを文の先頭に持ってきて、最後に？をつけます。主語によって一般動詞の形が変わることはありません。

Do I / you / we / they like, play, study, watch, do, have, go ...?
-Yes, I / you / we / they do.
-No, I / you / we / they do not (don't).
Does he / she / it like, play, study, watch, do, have, go ...?
-Yes, he / she / it does.
-No, he / she / it does not (doesn't).

Do you like sushi? —Yes, I do / No, I don't.
Does she do homework? —Yes, she does. / No, she doesn't.
Does he have a camera? —Yes, he does. / No, he doesn't.
Does it go to the station? —Yes, it does. / No, it doesn't.

Grammar Quizzes

A (　　) 内の a または b から適当な語句を選んで文を完成させましょう。 CheckLink

1. Sandra (**a.** live **b.** lives) in Tokyo.
2. The stores (**a.** open **b.** opens) at 10 a.m.
3. (**a.** Do **b.** Does) you have a big family?
4. My father (**a.** make **b.** makes) breakfast for us every Sunday.
5. Does this bus (**a.** go **b.** goes) to the university?
6. The room doesn't (**a.** has **b.** have) a window.
7. Does it (**a.** snow **b.** snows) a lot in your city?
8. Do you sometimes (**a.** breakfast skip **b.** skip breakfast)?

B 日本語の意味に合うように、下の一般動詞を正しい形に変えて文を完成させましょう (否定文や疑問文の場合もあります)。

drink　eat　go　have　like　study　understand

1. Mike ______________ a nice car.
(マイクはすてきな車を持っています)

2. They sometimes ______________ hiking.
(彼らはときどきハイキングに行きます)

3. He ______________ hard every day.
(彼は毎日、熱心に勉強します)

4. I ______________ this word.
(私はこの単語がわかりません)

5. ________ you ________ sports?
(あなたはスポーツが好きですか)

6. She ______________ meat.
(彼女は肉を食べません)

7. ________ Mary ________ coffee in the morning?
(メアリーは朝、コーヒーを飲みますか)

Short Conversations

(　　) 内の a または b から適当な語句を選んで会話を完成させましょう。その後で、音声を聞いて答えを確認しましょう。 CheckLink DL 09 ~ 10 CD 09 ~ CD 10

A **W:** [1](a. Do　b. Does) your mom make breakfast for you?

M: I [2](a. don't　b. doesn't) eat breakfast, but I drink a glass of juice. How about you?

W: My mom [3](a. make　b. makes) rice and miso soup.

NOTE How about you? あなたはどうですか

B **M:** [1](a. Are　b. Do) you live near the university?

W: Yes, it only [2](a. take　b. takes) 5 minutes by bus. On nice days, I [3](a. ride　b. rides) my bicycle.

Reading

A 次の文を読み、選択肢から適当な語句を選んで空所に書きましょう。その後で、音声を聞いて答えを確認しましょう。 CheckLink DL 11 CD 11

Breakfast Time in Japan

Breakfast is an important meal. It [1] ________ energy to our body and wakes up our brain. Today, Japanese people [2] ________ Japanese-style or Western-style food for breakfast. Young company workers and university students [3] ________ a lot of time in the morning. They usually eat simple Western-style breakfasts such as bread or yogurt. Coffee, tea and milk are popular drinks. Many Japanese people [4] ________ the news at breakfast time.

1. a. give　b. gives	**2.** a. eat　b. eats
3. a. have　b. don't have	**4.** a. watch　b. watching

NOTES brain 脳
such as ... …のような

B もう一度読んで、質問が正しければTを、正しくなければFを選びましょう。 CheckLink

1. Breakfast is good for our brain in the morning. T / F
2. Most young company workers eat Japanese-style food for breakfast. T / F
3. Milk isn't a popular breakfast drink in Japan. T / F

Writing

A 表の情報をもとに、与えられた一般動詞を正しい形に変えて、Tedについての文章を完成させましょう（否定文の場合もあります）。

	Ted	You
Favorite breakfast foods （好きな朝食）	-bacon -eggs -toast -pancakes	
Least favorite breakfast foods （嫌いな朝食）	-fish -oatmeal	
Breakfast time activities （朝食のときにすること）	-watch TV -read a book -do homework	
Time spent eating breakfast （朝食にかかる時間）	about 20 minutes	

NOTE oatmeal オートミール（麦のおかゆ）

do　do　read　take　watch

Ted's favorite breakfast foods are bacon, eggs, toast and pancakes. He [1] ______ like fish or oatmeal. At breakfast time, he [2] ______ TV, [3] ______ a book or [4] ______ homework. For Ted, breakfast [5] ______ about 20 minutes.

B 今度は **A** の表に自分の情報を記入しましょう。その後で、**A** を参考にして自分のことを書いてみましょう。

My favorite breakfast foods ______________________.

I ______________________. At breakfast time,

______________________.

For me, ______________________.

Unit 3

8:15 AM

Getting Ready for School

名 詞

Words & Expressions

日本語の意味になるように、a～f から当てはまる表現を選んで書きましょう。その後で、音声を聞いて答えを確認しましょう。

CheckLink DL 12 CD 12

a. *wash my face*	b. *take an umbrella*	c. *put on a shirt*
d. *brush my hair*	e. *pack my school bag*	f. *brush my teeth*

2. ________________
（顔を洗う）

1. ________________
（歯を磨く）

3. ________________
（髪の毛をとかす）

6. ________________
（傘を持っていく）

4. ________________
（シャツを着る）

5. ________________
（カバンに荷物を入れる）

Conversation

大急ぎで学校へ行く準備をしているJayを母親が手伝おうとしています。

A 会話を聞いてA～Dのイラストを順番に並べ替えましょう。

CheckLink DL 13 CD 13

1. ☐ ➡ 2. ☐ ➡ 3. ☐ ➡ 4. ☐

B もう一度会話を聞いて、質問が正しければTを、正しくなければFを選びましょう。

CheckLink DL 13 CD 13

1. Jay's mother gives Jay a shirt. T / F
2. Jay needs a toothbrush. T / F
3. Jay has an apple in his school bag. T / F

C もう一度会話を聞いて空所の語句を書き取りましょう。

DL 13 CD 13

Mom: Here, put on a clean 1 ________, Jay. Your T-shirt is dirty.

Jay: Thanks. … Hey, we don't have any toothpaste.

Mom: It's over there. But do you want breakfast first? 2 ________?
3 ________?

Jay: Mom, I don't have 4 ________ for breakfast. But it's OK—I have some potato 5 ________ in my school 6 ________.

Mom: That's not breakfast!

Jay: Well, it *is* today.

NOTE toothpaste 歯磨き粉

Grammar

数えられる名詞と数えられない名詞

名詞は「ある何かの名前」を表すことばです。たとえば、次のような使い方をします。

1 人 (boy, student, doctor, John など)

John is a doctor.（ジョンは医者です）

2 場所 (home, office, city, Japan など)

Toronto is a city in Canada.（トロントはカナダの都市です）

3 もの (book, table, house, mountain など)

The book is on the table.（その本はテーブルの上にあります）

● 数えられる名詞

数えられる名詞は、別々に分かれていて数えやすいものです。

an apple　two classes　a few players　many countries

数えられる名詞は、単数形か複数形にすることができます。

one cat—two cats　a student—some students　an orange—many oranges

たいていの場合、複数形にはsかesがつきます（➡p.102）。

dog—dogs　cup—cups　sandwich—sandwiches　glass—glasses

ただし、以下のように例外もあります。

party—parties　leaf—leaves　child—children　tooth—teeth　foot—feet

● 数えられない名詞

数えられない名詞は、以下のように数えるのが難しいものです。

①物質：air, gas, gold, hair, milk, plastic, rain, rice, sand, shampoo, snow, soap, water
②グループ：food, furniture, garbage, jewelry, luggage
③抽象的なもの：advice, danger, education, happiness, history, homework, information, love, luck, money, music, news, time, weather, work

数えられない名詞には、単数形と同じ動詞の形を使います。

The water is cold. / This homework is difficult. / The rice is delicious.

! Be Careful

・数えられる名詞の場合、好きなものや嫌いなものについて言いたい場合は複数形を使います。

I like strawberries.　I dislike bananas.

・someは普通の文で使い、anyは否定文や疑問文で使います。

I have some fruit. / I don't have any fruit. / Do you have any fruit?

Grammar Quizzes

A (　　) 内の a または b から適当な語句を選んで文を完成させましょう。 CheckLink

1. Adam has two (a. cat　b. cats).
2. My (a. textbook　b. textbooks) are in my locker.
3. (a. An　b. Some) apples are on the table.
4. There are (a. many　b. any) children in the park.
5. This jewelry (a. is　b. are) beautiful.
6. We have (a. some　b. a few) homework tonight.
7. Do you like (a. carrot　b. carrots)?
8. I don't have (a. any　b. some) money today.

B 日本語の意味に合うように、名詞を使って文を完成させましょう。

1. This ______________ is interesting.
（この本はおもしろいです）
2. Jordan has two ______________.
（ジョーダンには妹が2人います）
3. There are some ______________ on the counter.
（カウンターの上に卵がいくつかあります）
4. Bob and Michelle are ______________.
（ボブとミシェルは医者です）
5. Victor likes classical ______________.
（ビクターはクラシック音楽が好きです）
6. Do you dislike ______________?
（あなたは牛乳が嫌いですか）
7. Janet washes her ______________ every morning.
（ジャネットは毎朝、髪を洗います）

Short Conversations

(　　) 内の a または b から適当な語句を選んで会話を完成させましょう。その後で、音声を聞いて答えを確認しましょう。　CheckLink　DL 14 ~ 15　CD 14 ~ CD 15

A **M:** I'm busy today. I have four [1](**a.** class **b.** classes) in the afternoon.

W: Then take an [2](**a.** umbrella **b.** umbrellas). There's a 100% chance of [3](**a.** rain **b.** rains) tonight.

NOTE chance 可能性、確率

B **M:** We have [1](**a.** a **b.** some) homework for Ms. Stone's class.

W: Yeah, let's go to [2](**a.** café **b.** a café) and do it together.

M: That's a great [3](**a.** idea **b.** ideas)!

Reading

A 次の文を読み、選択肢から適当な語句を選んで空所に書きましょう。その後で、音声を聞いて答えを確認しましょう。　CheckLink　DL 16　CD 16

Pack Your Backpack

Most American [1] ________ don't have lockers for students. Students carry everything in a large backpack. Of course, everyone brings textbooks, notebooks, pens and pencils, etc. A phone and charger, keys, money and [2] ________ student ID card are necessary, too. A lot of students bring a laptop computer and do online homework. Headphones, a water bottle, two or three [3] ________ and gum are also common items. And finally, a toothbrush, toothpaste, a hairbrush and a small [4] ________ are good for long days with many classes.

NOTES charger 充電器　student ID card 学生証　necessary 必要な　laptop ノートパソコン　common 一般的な　item 品物

1.	**a.** college	**b.** colleges	**2.**	**a.** a	**b.** some
3.	**a.** snack	**b.** snacks	**4.**	**a.** towel	**b.** towels

B もう一度読んで、質問が正しければTを、正しくなければFを選びましょう。　CheckLink

1. Some students have two lockers.　T / F
2. Many students do online homework on laptop computers.　T / F
3. A lot of students wash their hair on campus.　T / F

Writing

A 表の情報をもとに、与えられた語句を使ってDanが仕事に行くときについての文章を完成させましょう。

	Dan	You
Clothes （服装）	-suit -tie -business shoes	
Items （持ち物）	-tablet computer -6～8 catalogs -umbrella -3～4 pens -50 business cards	

NOTE business card 名刺

a	*an*	*a few*	*many*	*some*

Dan usually wears [1] ______ suit, a tie and business shoes to work. In his briefcase, he has a tablet computer, [2] ______ catalogs and [3] ______ umbrella. He also has [4] ______ pens and [5] ______ business cards.

NOTE briefcase ブリーフケース

B 今度は **A** の表に自分の情報を記入しましょう。その後で、**A** を参考にして自分のことを書いてみましょう。

I usually wear ______ to school.

In my school bag, I have ______

______

______

Unit 4

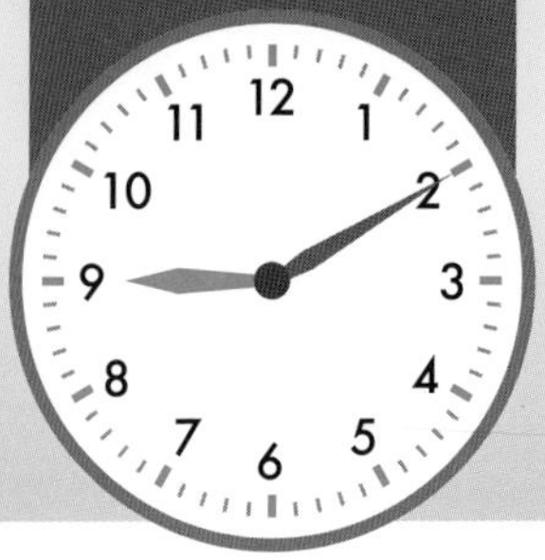

9:10AM

First Class of the Day

代名詞

Words & Expressions

日本語の意味になるように、a～f から当てはまる表現を選んで書きましょう。その後で、音声を聞いて答えを確認しましょう。

CheckLink DL 17 CD 17

a. ***take notes***　b. ***ask a question***　c. ***work in groups***

d. ***do pair work***　e. ***raise my hand***　f. ***be late for class***

1. ________________
(授業に遅れる)

2. ________________
(メモを取る)

3. ________________
(手を挙げる)

4. ________________
(質問する)

5. ________________
(ペアワークをする)

6. ________________
(グループワークをする)

Conversation

Jayはこの日の最初の授業にやって来ましたが、いろいろと問題があるようです……

A 会話を聞いてA～Dのイラストを順番に並べ替えましょう。

CheckLink DL 18 CD 18

1. ☐ → 2. ☐ → 3. ☐ → 4. ☐

B もう一度会話を聞いて、質問が正しければTを、正しくなければFを選びましょう。

CheckLink DL 18 CD 18

1.	Jay is late for class.	T / F
2.	Professor Kibshee teaches history.	T / F
3.	Jay's Spanish textbook is in his bag.	T / F

C もう一度会話を聞いて空所の語句を書き取りましょう。 DL 18 CD 18

Jay: Good morning, Professor Kibshee. Am [1] ________ late for class?

Teacher: Yes, it's 9:10, Jay. Do [2] ________ have [3] ________ textbook?

Jay: Of course! It's in my bag. … Here [4] ________ is.

Teacher: That's a very nice history textbook.

Jay: History textbook!? Oh, sorry, I don't have [5] ________ Spanish textbook today. It's at home. …

Teacher: Hmm, all of the other students have [6] ________. …

Grammar

代名詞

代名詞は名詞の代わりとなるものです。代名詞を使うことで、同じことばを何回も繰り返さずに済み、文がわかりやすくなります。

わかりにくい文：**Jim** and **Jim**'s wife love **Jim**'s and **Jim**'s wife's dog.
わかりやすい文：Jim and his wife love their dog.

● 代名詞の種類：代名詞にはいろいろなタイプがあり、以下のように目的によって使い分けます。

主格 （文の主語として「…は、…が」という意味を表す）	目的格 （動詞の後ろに来て「…を、…に」と目的を表す）	所有格 （名詞の前に来て「…の」と所有を表す）	所有代名詞 （「…のもの」という意味を表す）
I **I** like Pug.	me Pug likes **me**.	my Pug is **my** dog.	mine Pug is **mine**.
you（単数） **You** like Pug.	you Pug likes **you**.	your Pug is **your** dog.	yours Pug is **yours**.
he **He** likes Pug.	him Pug likes **him**.	his Pug is **his** dog.	his Pug is **his**.
she **She** likes Pug.	her Pug likes **her**.	her Pug is **her** dog.	hers Pug is **hers**.
it **It** likes Pug.	it Pug likes **it**.	its Pug is **its** dog.	—
we **We** like Pug.	us Pug likes **us**.	our Pug is **our** dog.	ours Pug is **ours**.
you（複数） **You** like Pug.	you Pug likes **you**.	your Pug is **your** dog.	yours Pug is **yours**.
they **They** like Pug.	them Pug likes **them**.	their Pug is **their** dog.	theirs Pug is **theirs**.

Grammar Quizzes

A (　　) 内の a または b から適当な語句を選んで文を完成させましょう。 CheckLink

1. Susan and (a. I　b. me) are from London.
2. Carl and (a. him　b. his) sister go to the same university.
3. The children really like (a. their　b. theirs) teacher.
4. Is this dog (a. your　b. yours)?
5. Seats 15A and 15B are (a. ours　b. us).
6. These books are interesting. Please read (a. it　b. them).
7. This radio is very old. Does (a. it　b. its) work?
8. Cathy is an interesting person. (a. Her　b. She) hobby is cosplay.

B 日本語の意味に合うように、代名詞を使って文を完成させましょう。

1. The red scarf is ______________.
   （その赤いスカーフは私のものです）

2. Please call ______________ tonight.
   （今夜、私に電話をかけてください）

3. Excuse me. Are these ______________ keys?
   （すみません。これらはあなたのカギですか）

4. ______________ sometimes do pair work in our English class.
   （私たちは英語の授業でときどきペアワークをします）

5. Wendy and Ed live with ______________ parents.
   （ウェンディとエドは彼らの両親と同居しています）

6. Thank you for the birthday present. I love ______________.
   （誕生日プレゼントをありがとう。私はそれが気に入りました）

7. That isn't Yumi's smartphone. ______________ is white.
   （あれはユミのスマートフォンではありません。彼女のものは白です）

Short Conversations

(　　) 内の a または b から適当な語句を選んで会話を完成させましょう。その後で、音声を聞いて答えを確認しましょう。　CheckLink　DL 19 ~ 20　CD 19 ~ CD 20

A
W: Gary, is this [1](**a.** your　**b.** yours) cap?
M: No, it isn't. [2](**a.** My　**b.** Mine) is black. Ask Ben.
W: OK. Maybe it's [3](**a.** him　**b.** his).

B
W: Do [1](**a.** you　**b.** yours) ask questions in Professor Landry's class?
M: No, I just listen to [2](**a.** him　**b.** his). He talks a lot. Ha ha ha!
W: Yeah, I sometimes raise my hand, but he never sees [3](**a.** it　**b.** them).

Reading

A 次の文を読み、選択肢から適当な語句を選んで空所に書きましょう。その後で、音声を聞いて答えを確認しましょう。　CheckLink　DL 21　CD 21

American College Classes

American college students are in class for about 15 hours every week. Many of [1] ______________ classes are 50 or 60 minutes long. [2] ______________ meet two or three times a week. Students also have some 90-minute classes every week. Discussion is an important part of many classes. [3] ______________ helps students with their thinking, listening and speaking skills. It prepares [4] ______________ for life after college, too.

1.	**a.** their	**b.** theirs	**2.**	**a.** Them	**b.** They
3.	**a.** It	**b.** Its	**4.**	**a.** their	**b.** them

NOTES discussion 議論　skill 技能、スキル　prepare 準備する

B もう一度読んで、質問が正しければTを、正しくなければFを選びましょう。　CheckLink

1. Students are in the classroom for about 15 hours each week.　T / F
2. Most of the classes are 90 minutes long.　T / F
3. Discussion is unimportant in American university classes.　T / F

Writing

A 表の情報をもとに、与えられた語句を使ってAkiの好きな授業についての文章を完成させましょう（先頭に来る語は大文字に変えましょう）。

	Aki	You
Favorite class （好きな授業）	American Culture	
Day & class period （曜日と授業時間）	-Monday -first period	
Name of professor （先生の名前）	Professor Larson	
Reasons （理由）	-interesting -fun -work in groups -learn about American people, history, etc.	

NOTE first period 1時間目

it she her her it's

Aki's favorite class is American Culture. 1 ________ on Monday in the first period. 2 ________ teacher is Professor Larson. Aki enjoys the class very much. 3 ________ is very interesting and fun for 4 ________. In the class, 5 ________ works in groups and learns about American people, history, etc.

B 今度は **A** の表に自分の情報を記入しましょう。その後で、**A** を参考にして自分のことを書いてみましょう。

________ favorite class is ________. ________

____

____

____

Unit 5

12:15 PM

Lunchtime

前置詞

Words & Expressions

日本語の意味になるように、a～f から当てはまる表現を選んで書きましょう。その後で、音声を聞いて答えを確認しましょう。

CheckLink DL 22 CD 22

a. *go to the bathroom*　b. *chat with friends*　c. *go to a convenience store*

d. *check my smartphone*　e. *take a rest*　f. *eat lunch in the cafeteria*

1. ______________________
（学食でランチを食べる）

2. ______________________
（友人とおしゃべりする）

3. ______________________
（休憩する）

4. ______________________
（コンビニに行く）

5. ______________________
（トイレに行く）

6. ______________________
（スマホをチェックする）

Conversation

Jayは学食でランチを食べていたところ、思いがけず新しい友だちができたようです。

A 会話を聞いてA～Dのイラストを順番に並べ替えましょう。

CheckLink DL 23 CD 23

A

B

C

D

1. ☐ ➡ **2.** ☐ ➡ **3.** ☐ ➡ **4.** ☐

B もう一度会話を聞いて、質問が正しければTを、正しくなければFを選びましょう。

CheckLink DL 23 CD 23

1.	Jay and Mai like the same artist.	T / F
2.	Sophia Ramos is at the City Museum today.	T / F
3.	Jay has one class in the afternoon.	T / F

C もう一度会話を聞いて空所の語句を書き取りましょう。 DL 23 CD 23

Mai: I'm Mai—from your Spanish class. Do you always eat lunch [1] ________ the cafeteria?

Jay: Hi, I'm Jay. Oops! … Yes, but I don't usually get pasta [2] ________ my shirt.

Mai: Ha ha ha! Look. It's like a Sophia Ramos painting. I love her paintings.

Jay: She's my favorite artist! Her paintings are in the City Museum now.

Mai: I know! Hey, are you busy this afternoon? Why don't we go together?

Jay: Well, I have a history class [3] ________ 1:00 [4] ________ 2:30. I'm free [5] ________ that.

Mai: Great! Let's meet [6] ________ ________ ________ the museum at 4:00.

NOTE Why don't we ...? …しませんか？

Grammar

前置詞

前置詞は名詞の前に置くことばです。たとえば、次のような使い方をします。

1 〈場所〉を表す

後ろには名詞か代名詞が続いて、"on the desk"（机の上に）や"behind him"（彼の後ろに）のように、人やものの位置関係を表します。

2 〈時〉を表す

後ろには名詞が続いて、"at two o'clock"（2時に）や"on Wednesday"（水曜日に）のように、ある特定の時間や期間を表します。

● 場所を表す前置詞

to「…へ」 I always walk to school.	in front of「…の前に」 Some flowers are in front of the shop.
at「…に、…で」 Jack is at school now.	behind「…の後ろに」 Your umbrella is behind you.
in「…に、…の中に」 Susan is in the library.	above「…の上に」 The airplane is above the clouds.
on「…に、…の上に」 The newspaper is on the table.	under「…の下に」 The cat is under the bed.
near「…の近くに」 The station is near my house.	between「…の間に」 The motorcycle is between the buses.
beside / next to「…のとなりに」 The café is beside the bakery. The café is next to the bakery.	across from / opposite「…の向かいに」 A park is across from my house. A park is opposite my house.

● 時を表す前置詞

at「…に(時間、ある時)」 The concert starts at 7 p.m. / at noon.	before「…の前に」 She always drinks tea before lunch.
on「…に(曜日、日付)」 The sale ends on Sunday / on June 30.	during「…の間に」 The shop is closed during the holidays.
in「…に(年、季節、月、1日の一部)」 It rains a lot in spring / in April.	after「…の後に」 Helen does her homework after dinner.
for「…の間(期間)」 She studies English for an hour every day.	until「…まで(ずっと)」 Jack usually plays video games until 3 a.m.
from ... to ~「…から~まで」 The store is open from 10 a.m. to 8 p.m.	by「…までに」 Please give me your report by Friday.

Grammar Quizzes

A (　　) 内の a または b から適当な語句を選んで文を完成させましょう。 CheckLink

1. Let's go (a. at　b. to) a convenience store.
2. Tom puts cream and sugar (a. in　b. on) his coffee.
3. There's a cake shop (a. near　b. next) to the bookstore.
4. Dan sits (a. behind　b. between) me in our history class.
5. I always check my smartphone (a. at　b. in) lunchtime.
6. Our summer holidays start (a. in　b. on) August.
7. The restaurant is open (a. by　b. until) 10 p.m.
8. Paul practices guitar (a. during　b. for) two hours every day.

B 日本語の意味に合うように、前置詞を使って文を完成させましょう。

1. Let's take a walk ________ lunch.
   (ランチの後で散歩しましょう)
2. There's a park ________ my house.
   (私の家の近くに公園があります)
3. The clock is ________ the bed.
   (時計はベッドの上のほうにあります)
4. Do you have soccer practice ________ Sunday?
   (あなたは日曜日にサッカーの練習がありますか)
5. Finish the work ________ 5:00.
   (5時までにその仕事を終わらせなさい)
6. I meet my friend ________ the bus stop every morning.
   (私は毎朝、バス停で友人に会います)
7. Please stay in your seat ________ the performance.
   (上演の間は席についていてください)

Short Conversations

（　　）内のaまたはbから適当な語句を選んで会話を完成させましょう。その後で、音声を聞いて答えを確認しましょう。 CheckLink DL 24 ~ 25 CD 24 ~ CD 25

A **W:** Let's buy some ice cream [1](**a.** after **b.** during) class and take a rest [2](**a.** in **b.** to) the park.

M: OK. The shop [3](**a.** between **b.** across from) the university has great ice cream.

B **M:** There's no shampoo [1](**a.** at **b.** in) the bathroom. Is the drugstore still open?

W: Yes, the store [2](**a.** beside **b.** in front) the station is open [3](**a.** by **b.** until) 8 p.m.

Reading

A 次の文を読み、選択肢から適当な語句を選んで空所に書きましょう。その後で、音声を聞いて答えを確認しましょう。 CheckLink DL 26 CD 26

Eating at Harvard

Harvard University is in Cambridge, Massachusetts, [1] __________ Boston. The university has about 35,000 students. Most students live on campus [2] __________ four years. They eat in one of the university's 13 dining halls or 10 cafés. All freshmen eat [3] __________ the dining hall for freshmen only. It looks like Hogwarts, the school in the Harry Potter books and movies. For many of the students, lunch is the first meal of the day. The dining halls serve lunch from 11:30 in the morning [4] __________ 2:00 in the afternoon.

NOTES Cambridge, Massachusetts マサチューセッツ州ケンブリッジ　on campus 構内で　dining hall（大きな）食堂　freshman 新入生　looks like ... …のように見える

1.	**a.** between	**b.** near	**2.**	**a.** during	**b.** for
3.	**a.** in	**b.** on	**4.**	**a.** by	**b.** until

B もう一度読んで、質問が正しければTを、正しくなければFを選びましょう。 CheckLink

1. Harvard University is in Boston　T / F
2. Most Harvard students live in apartments near the campus.　T / F
3. One dining hall is for freshmen only.　T / F

Writing

A 表の情報をもとに、与えられた前置詞を使ってMarcoの昼休みについての文章を完成させましょう（先頭に来る語は大文字に変えましょう）。

	Marco	You
University lunch break （大学の昼休みの時間）	12:30–1:20	
Eating place （食べる場所）	–cafeteria –coffee shop beside campus	
Other lunch break activities （昼休みにすること）	–chat with friends –take a rest	

next to　during　from　in　to

Marco's university has its lunch break [1] ________ 12:30 p.m. [2] ________ 1:20 p.m. He usually eats [3] ________ the cafeteria or a coffee shop [4] ________ the university. [5] ________ his lunch break, he often chats with friends or takes a rest.

B 今度は **A** の表に自分の情報を記入しましょう。その後で、**A** を参考にして自分のことを書いてみましょう。

My university has its lunch break ________________. I usually

____

____

____

Unit 6

3:00 PM

Shopping

WH疑問文

Words & Expressions

日本語の意味になるように、a～f から当てはまる表現を選んで書きましょう。その後で、音声を聞いて答えを確認しましょう。

CheckLink　DL 27　CD 27

a. *use the fitting room*　b. *pay in cash*　c. *be on sale*

d. *I'll take this.*　e. *try on a hat*　f. *make a cashless payment*

2. ________________
(帽子を試着する)

1. ________________
(セール中)

3. ________________
(試着室を使う)

6. ________________
(「これを買います」)

4. ________________
(現金で支払う)

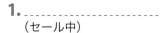

5. ________________
(キャッシュレスで支払う)

Conversation

Jayは Maiに会う前にちょっと買い物をすることにしました。

A 会話を聞いてA～Dのイラストを順番に並べ替えましょう。

CheckLink DL 28 CD 28

1. ☐ ➡ **2.** ☐ ➡ **3.** ☐ ➡ **4.** ☐

B もう一度会話を聞いて、質問が正しければTを、正しくなければFを選びましょう。

CheckLink DL 28 CD 28

1. The polo shirts are on sale. T / F

2. Jay wears a size small shirt. T / F

3. Jay likes the price of the T-shirts. T / F

C もう一度会話を聞いて空所の語句を書き取りましょう。 DL 28 CD 28

Jay: Excuse me. [1] ____________ [2] ____________ are these polo shirts?

Shop clerk: They're $80. [3] ____________ size are you? Small? Medium?

Jay: Medium, but…

Shop clerk: And [4] ____________ [5] ____________ do you like?

Jay: White. … But I don't have $80. [6] ____________ are your T-shirts?

Shop clerk: Our T-shirts are behind you. They're on sale for $15.

Jay: Perfect! And here's a white one in a size medium.

Grammar

WH疑問文

WH疑問文はWhatやHowなどの疑問詞で始まる疑問文のことです。答えはYesかNoではなく、何らかの情報が必要になります。

"Where is your textbook?" "It's in my locker."
（「あなたの教科書はどこですか」「ロッカーの中です」）

"When is your birthday?" "It's on August 30."
（「あなたの誕生日はいつですか」「8月30日です」）

● WH疑問文の種類

疑問詞	be動詞のWH疑問文	一般動詞のWH疑問文
	疑問詞 ＋ be動詞 ＋ 主語 "Who is Edward?" "Edward is my best friend."	疑問詞＋do/does＋主語＋一般動詞の原形 "Who does she like?" "She likes Edward."
who「誰」	Who is your teacher?	Who do you meet after class?
what「何」	What is her job? What time is it? What color is your new car?	What does she do? What time do you go to bed? What color do you like?
when「いつ」	When is your test?	When does the test start?
where「どこ」	Where are Jim and Kate?	Where do Jim and Kate live?
why「なぜ」	Why are you late?	Why do you want this job?
whose「誰の」	Whose book is this?	Whose book do you have?
how 「どのように」 「どのくらい」	How is your English class? How old are you? How big is your apartment? How much is this shirt? How far is the restaurant?	How do you come to school? How often does it rain in L.A.? How many classes do you have? How much does it cost? How long do you work today?

Grammar Quizzes

A (　　) 内の a または b から適当な語句を選んで文を完成させましょう。 CheckLink

1. (a. When　b. Where) do you live?
2. (a. What　b. Whose) is the name of your university?
3. (a. When　b. Who) is the team captain?
4. (a. What　b. Why) is the bus late?
5. (a. Who　b. Whose) pen is this?
6. (a. When　b. Where) does the movie start?
7. (a. How　b. What) kind of music do you like?
8. (a. How often　b. How many) do you make cashless payments?

B 日本語の意味に合うように、疑問詞を使って文を完成させましょう。

1. "__________ are those people?" "Jack and Judy."
(「あの人たちは誰ですか」「ジャックとジュディです」)

2. "__________ do you use this machine?" "Oh, it's easy."
(「この機械はどうやって使いますか」「ああ、簡単ですよ」)

3. "__________ is the concert?" "It's on Saturday night."
(「コンサートはいつですか」「土曜日の夜です」)

4. "__________ time does your lesson start?" "At 4:00."
(「あなたのレッスンは何時に始まりますか」「4時です」)

5. "Please use the fitting room, sir." "Thank you. __________ is it?"
(「試着室をお使いください」「ありがとう。それはどこですか」)

6. "__________ oranges do we have?" "Only two."
(「何個のオレンジがありますか」「2個だけです」)

7. "__________ is your university?" "There are about 5,000 students."
(「あなたの大学はどのくらい大きいですか」「約5,000人の学生がいます」)

Short Conversations

(　　) 内の a または b から適当な語句を選んで会話を完成させましょう。その後で、音声を聞いて答えを確認しましょう。 CheckLink DL 29 ~ 30 CD 29 ~ CD 30

A
W: Excuse me. This chair is very nice! [1](**a.** How **b.** What) much is it?
M: It's $80. [2](**a.** How many **b.** How much) chairs do you need? This is the last one.
W: No problem. I'll take it. [3](**a.** Where **b.** When) do I pay?

B
M: [1](**a.** What **b.** How) kind of hat do you want?
W: A summer hat. [2](**a.** What **b.** Where) are the hats, Tony?
M: They're over there. [3](**a.** How **b.** What) color do you want?
W: Pink. I'll try on this hat. It's lovely.

Reading

A 次の文を読み、選択肢から適当な語句を選んで空所に書きましょう。その後で、音声を聞いて答えを確認しましょう。 CheckLink DL 31 CD 31

Black Friday

[1] __________ is Black Friday? On Black Friday, most stores in the United States have big sales. [2] __________ is it? Black Friday is the day after Thanksgiving—the fourth Thursday in November. It's the beginning of the Christmas shopping season. [3] __________ are the discounts on Black Friday? Shoppers usually receive discounts of 30 to 50%. Many university students shop online for computers on Black Friday. [4] __________ are the sales? Some stores' sales continue for three days or even a week.

NOTE Thanksgiving 感謝祭

1. **a.** What	**b.** Who	**2.** **a.** Where	**b.** When
3. **a.** How big	**b.** How many	**4.** **a.** How much	**b.** How long

B もう一度読んで、質問が正しければTを、正しくなければFを選びましょう。 CheckLink

1. Black Friday is one day after Thanksgiving. T / F
2. Some items are half price on Black Friday. T / F
3. Many university students buy clothes on Black Friday. T / F

Writing

A 表の情報をもとに、与えられた語句を使ってMikaの買い物についての文章を完成させましょう。

	Mika	You
How often do you go shopping? (買い物に行く頻度)	once/month	
How often do you shop online? (オンラインショッピングをする頻度)	3～4 times/month	
What do you often buy? (よく買う物)	-clothes -manga -snacks -green tea	
What stores do you like? (好きなお店)	-Uniqlo -100 yen shops	
How do you pay? (支払い方法)	cash	

favorite　often　once　pays　times

Mika goes shopping [1] ________ a month. She shops online about three or four [2] ________ a month. She [3] ________ buys clothes, manga, snacks and green tea. Her [4] ________ stores are Uniqlo and 100 yen shops. She usually [5] ________ in cash.

B 今度は **A** の表に自分の情報を記入しましょう。その後で、**A** を参考にして自分のことを書いてみましょう。

I go shopping ________________. ________

____

____

____

HINTS once a week 1週間に1回　twice a week 1週間に2回
three times a month 1カ月に3回　once every two weeks 2週間に1回

Unit 7

4:00PM

Getting Lost

過去時制（be動詞と一般動詞）

Words & Expressions

日本語の意味になるように、a～f から当てはまる表現を選んで書きましょう。その後で、音声を聞いて答えを確認しましょう。

CheckLink　DL 32　CD 32

a. *get off a bus*　b. *get lost*　c. *buy a train ticket*

d. *ask for directions*　e. *miss my stop*　f. *get on a bus*

1. ________________（電車の切符を買う）

2. ________________（乗り過ごす）

3. ________________（バスに乗る）

6. ________________（道を尋ねる）

5. ________________（道に迷う）

4. ________________（バスを降りる）

Conversation

Jayは美術館へ来る途中で起きたトラブルについてMaiに話しています。

A 会話を聞いてA～Dのイラストを順番に並べ替えましょう。

CheckLink　DL 33　CD 33

A

B

C

D

1. ☐ ➡ **2.** ☐ ➡ **3.** ☐ ➡ **4.** ☐

B もう一度会話を聞いて、質問が正しければTを、正しくなければFを選びましょう。

CheckLink　DL 33　CD 33

1. Mai arrived at the museum before Jay. T / F

2. The Number 7 bus goes to City Museum. T / F

3. Jay took a taxi to the museum. T / F

C もう一度会話を聞いて空所の語句を書き取りましょう。　DL 33　CD 33

Jay: Hi, Mai. Sorry I'm late. I [1] ________ a few problems.

Mai: That's OK, Jay. What happened? Did you [2] ________ ________ the wrong bus?

Jay: Yes, I [3] ________ the Number 7 bus. It goes to City Park, not City Museum.

Mai: Oh, no! Then what [4] ________ you do?

Jay: Well, I [5] ________ ________ the bus and waited for a taxi. But there [6] ________ no taxis, so I walked here from the park. … And I also got lost.

Mai: Well, you're here now. Come on, let's go into the museum.

Grammar

過去時制（be動詞と一般動詞）

be動詞と一般動詞の過去形は、主に次のような使い方をします。

1 〈過去における状態〉を表す ➡ be動詞の過去形

I was hungry.（私はお腹が空いていました）

2 〈過去における行動〉を表す ➡ 一般動詞の過去形

I cooked dinner last night.（昨日の夜、私は晩ごはんを料理しました）

● be動詞の過去形の文：主語によって形が変わります。

I was ...　　you / we / they were ...　　he / she / it was ...

I was late. / They were at school yesterday. / It was a nice day.

● be動詞の過去形の否定文：be動詞の過去形の後ろにnotをつけます。

I was not ...　　you / we / they were not ...　　he / she / it was not ...
(I wasn't ...)　　(you / we / they weren't ...)　　(he / she / it wasn't ...)

I wasn't late. / They weren't at school yesterday. / It wasn't a nice day.

● be動詞の過去形の疑問文：be動詞の過去形を文の先頭に持ってきて、最後に？をつけます。

Was I ...?　　Were you / we / they ...?　　Was he / she / it ...?

Was I late? / Were they at school yesterday? / Was it a nice day?

● 一般動詞の過去形の文：一般動詞の後ろにedをつけます。不規則に変化することもあります（➡p.102）。

I / you / we / they played, did, went ...　　he / she / it played, did, went ...

I played video games. / Jim did his homework. / She went to Spain in spring.

● 一般動詞の過去形の否定文：一般動詞の前にdid not (didn't) を入れます。
主語によって一般動詞の形が変わることはありません。

I / you / we / they did not (didn't) play, do, go ...
he / she / it did not (didn't) play, do, go ...

I didn't play video games. / Jim didn't do his homework. / She didn't go to Spain in spring.

● 一般動詞の過去形の疑問文：Didを文の先頭に持ってきて、最後に？をつけます。
主語によって一般動詞の形が変わることはありません。

Did I / you / we / they play, do, go ...?　　Did he / she / it play, do, go ...?

Did you play video games? / Did Jim do his homework? / Did she go to Spain in spring?

Grammar Quizzes

A (　　) 内の a または b から適当な語句を選んで文を完成させましょう。 CheckLink

1. The test (**a.** was **b.** were) very easy.
2. Last night I (**a.** wait **b.** waited) for the bus for 30 minutes.
3. It (**a.** didn't **b.** wasn't) rain during the picnic.
4. Bob (**a.** forget **b.** forgot) his umbrella in the taxi.
5. Did you (**a.** bought **b.** buy) your train ticket?
6. Marco and I (**a.** wasn't **b.** weren't) at Kelly's birthday party.
7. (**a.** Did **b.** Were) you enjoy your trip to Hawaii?
8. I (**a.** didn't play **b.** wasn't played) tennis yesterday.

B 日本語の意味に合うように、以下の動詞を正しい過去時制の形に変えて文を完成させましょう（否定文や疑問文の場合もあります）。

be *buy* *do* *eat* *go* *stay* *watch*

1. She ________________ a video on Sunday.
（彼女は日曜日に動画を見ませんでした）
2. ________________ you late for your piano lesson?
（あなたはピアノのレッスンに遅れましたか）
3. We ________________ in the restaurant until 11 p.m.
（私たちは午後11時までレストランに滞在しました）
4. Bruce ________________ a rice ball at the convenience store.
（ブルースはコンビニエンスストアでおにぎりを買いました）
5. ________ you ________ breakfast this morning?
（あなたは今朝、朝食を食べましたか）
6. He ________________ his homework last night.
（彼は昨日の夜、宿題をしませんでした）
7. ________ you ________ to the beach by car?
（あなたは車でビーチに行きましたか）

Short Conversations

(　　) 内のaまたはbから適当な語句を選んで会話を完成させましょう。その後で、音声を聞いて答えを確認しましょう。 CheckLink DL 34 ~ 35 CD 34 ~ CD 35

A **W:** Sorry, professor. I [1](**a.** fall **b.** fell) asleep on the train. I [2](**a.** missed **b.** was missed) my stop.

M: That's OK, Maria. You [3](**a.** was **b.** were) only a few minutes late.

B **M:** [1](**a.** Did **b.** Were) you at the seminar yesterday?

W: No, I didn't [2](**a.** go **b.** went). [3](**a.** Did **b.** Was) it good?

M: Yes, it was very interesting.

Reading

A 次の文を読み、選択肢から適当な語句を選んで空所に書きましょう。その後で、音声を聞いて答えを確認しましょう。 CheckLink DL 36 CD 36

A 360-Kilometer Mistake

A few years ago, a young American went to Iceland on vacation. He [1] ________ a car at the airport in Reykjavik. The name of his hotel [2] ________ Hotel Fron in downtown Reykjavik. He didn't ask for directions. Instead, he typed in the address of the hotel on the car navigation system. Unfortunately, he [3] ________ the name of the street correctly. The navigation system [4] ________ the man to a small fishing town. It was 360 km north of Reykjavik!

NOTES on vacation 休暇で　Reykjavik レイキャヴィック（アイスランドの首都）　instead の代わりに　type in 入力する　unfortunately あいにく　correctly 正しく

1.	**a.** rent	**b.** rented	**2.**	**a.** was	**b.** were
3.	**a.** didn't spell	**b.** wasn't spelled	**4.**	**a.** taken	**b.** took

B もう一度読んで、質問が正しければTを、正しくなければFを選びましょう。 CheckLink

1. The man's hotel was north of Reykjavik. T / F
2. The man didn't ask anyone for directions to the hotel. T / F
3. The man typed in the wrong street name on the car navigation system. T / F

Writing

A 表の情報をもとに、与えられた動詞を正しい形に変えて、Peterの登校についての文章を完成させましょう。

	Peter	You
How did you go to school today? (今日はどうやって学校に来ましたか)	bus	
What time did you leave your house? (何時に家を出ましたか)	8 a.m.	
How long did it take? (どのくらい時間がかかりましたか)	-bus: 30 min. -walking: 10 min.	
What time did you arrive at school? (何時に学校に着きましたか)	8:40 a.m.	
What was the first thing you did at school? (学校で最初にしたことは何ですか)	met my friend	

arrive　go　leave　ride　walk

Today, Peter [1] ________ to school by bus. He [2] ________ his house at 8 a.m. He [3] ________ the bus for 30 minutes and [4] ________ for 10 minutes. He [5] ________ at school around 8:40 a.m. Then he met his friend.

B 今度は **A** の表に自分の情報を記入しましょう。その後で、**A** を参考にして自分のことを書いてみましょう。

Today, I ______________________________

____

____

____

Unit 8

4:30PM

In the Museum

現在進行形と過去進行形

Words & Expressions

日本語の意味になるように、a～f から当てはまる表現を選んで書きましょう。その後で、音声を聞いて答えを確認しましょう。

CheckLink DL 37 CD 37

a. ***go to a movie***	b. ***be funny***	c. ***enjoy paintings***
d. ***be excited***	e. ***wait in line***	f. ***be moved***

2. ______________________
（列に並ぶ）

1. ______________________
（絵画を鑑賞する）

3. ______________________
（映画を見に行く）

6. ______________________
（おもしろい）

4. ______________________
（感動する）

5. ______________________
（興奮する）

Conversation

Jayと Maiは美術館で好きなアーティストについて話しています。

A 会話を聞いてA～Dのイラストを順番に並べ替えましょう。

CheckLink DL 38 CD 38

A

B

C

D

1. ☐ → 2. ☐ → 3. ☐ → 4. ☐

B もう一度会話を聞いて、質問が正しければTを、正しくなければFを選びましょう。

CheckLink DL 38 CD 38

1. Sophia Ramos is ninety years old. T / F
2. Sophia Ramos doesn't paint anymore. T / F
3. Jay has a photograph of Sophia Ramos. T / F

C もう一度会話を聞いて空所の語句を書き取りましょう。

DL 38 CD 38

Mai: [1] ______________ you [2] ______________ the Sophia Ramos paintings, Jay?

Jay: Yeah, they're all really wonderful! You know, she's eighty years old.

Mai: Yes, but she's still [3] ______________. She's also [4] ______________ art at Rockly University.

Jay: Oh, I didn't know that. What's your favorite Sophia Ramos painting, Mai?

Mai: [5] ______________ [6] ______________ at it. It's my "new" favorite Ramos painting—*Pasta on a White T-Shirt.*

Jay: Ha ha ha! I love this painting, too. I have a photograph of it on my bedroom wall.

Grammar

現在進行形と過去進行形

現在進行形と過去進行形は、主に次のような使い方をします。

1 〈現在起きていること〉を表す ➡ 現在進行形

It's raining.（雨が降っています）

2 〈最近起きていること〉を表す ➡ 現在進行形

I'm taking 12 classes this term.（今学期、私は12コマの授業を取っています）

3 〈過去のある時点で起きていたり進行していたりしたこと〉を表す ➡ 過去進行形

I was doing my homework at 10:00 p.m.（午後10時に私は宿題をしていました）

● 現在進行形の文：be動詞の現在形の後ろに一般動詞のing形を続けます（➡p.102）。

I am eating ...　you / we / they are eating ...　he / she / it is eating ...

I'm eating dessert. / They're studying now. / She's making lunch.

● 現在進行形の否定文：be動詞の現在形の後ろにnotをつけてing形を続けます。

I am not eating ...　you / we / they are not eating ...　he /she / it is not eating ...

I'm not eating dessert. / They aren't studying now. / She isn't making lunch.

● 現在進行形の疑問文：be動詞の現在形を文の先頭に持ってきて、後ろに主語を続けます。

Am I eating ...?　Are you / we / they eating ...?　Is he / she / it eating ...?

Am I eating dessert? / Are they studying now? / Is she making lunch?

● 過去進行形の文：be動詞の過去形の後ろに一般動詞のing形を続けます。

I was eating ...　you / we / they were eating ...　he / she / it was eating ...

I was eating dessert. / They were studying then. / She was making lunch.

● 過去進行形の否定文：be動詞の過去形の後ろにnotをつけてing形を続けます。

I was not eating ...　you / we / they were not eating ...
he /she / it was not eating ...

I wasn't eating dessert. / They weren't studying then. / She wasn't making lunch.

● 過去進行形の疑問文：be動詞の過去形を文の先頭に持ってきて、後ろに主語を続けます。

Was I eating ...?　Were you / we / they eating ...?　Was he / she / it eating ...?

Was I eating dessert? / Were they studying then? / Was she making lunch?

Grammar Quizzes

A (　　) 内の a または b から適当な語句を選んで文を完成させましょう。 CheckLink

1. My computer (a. aren't b. isn't) working.
2. The workers (a. are b. were) washing the windows now.
3. (a. Does b. Is) Diane enjoying her yoga class?
4. She (a. isn't b. wasn't) learning English then.
5. (a. Are b. Were) you living in Japan five years ago?
6. At 6 o'clock we were (a. dinner eating b. eating dinner).
7. Are (a. playing the children b. the children playing) in their room?
8. What (a. are you doing b. you are doing) in the kitchen?

B 日本語の意味に合うように、以下の動詞を進行形に変えて文を完成させましょう（否定文や疑問文の場合もあります）。

laugh　listen　study　wait　watch　wear　work

1. I ________________ for a big test.
(私は大切なテストのために勉強しているところです)

2. Why ________ you ________?
(あなたはどうして笑っているのですか)

3. I ________________ outside.
(私は外で仕事をしていました)

4. Joe ________________ his baseball cap today.
(今日、ジョーは野球帽をかぶっていません)

5. Tim ________________ in line for a taxi.
(ティムは列に並んでタクシーを待っているところです)

6. What kind of movie ________ you ________?
(あなたはどんな種類の映画を見ていましたか)

7. "Did you hear my question?" "Sorry, we ________________."
(「私の質問が聞こえましたか」「すみません、聞いていませんでした」)

Short Conversations

(　　) 内のaまたはbから適当な語句を選んで会話を完成させましょう。その後で、音声を聞いて答えを確認しましょう。　CheckLink　DL 39 ~ 40　CD 39 ~ CD 40

A **W:** What [1](**a.** did　**b.** were) you doing in the garage? It was really noisy.
M: I was [2](**a.** cleaned　**b.** cleaning) the inside of the car.
W: Oh, I see. [3](**a.** Were you　**b.** You were) using the vacuum cleaner.

NOTE vacuum cleaner 掃除機

B **M:** Why [1](**a.** are you crying　**b.** you are crying)?
W: I'm [2](**a.** an opera watching　**b.** watching an opera) on television. [3](**a.** Their　**b.** They're) singing so beautifully and I'm moved.

Reading

A 次の文を読み、選択肢から適当な語句を選んで空所に書きましょう。その後で、音声を聞いて答えを確認しましょう。　CheckLink　DL 41　CD 41

Lucky Boy

One night, 18-year-old Kai Neukermans [1] ____________ waiting in line for a Pearl Jam rock concert. A week later, he was [2] ____________ with the American band in front of 20,000 people. How did this happen? Well, the band's drummer got sick during the tour. The band [3] ____________ looking for other drummers. Kai sent a video of his drumming to the band leader, and he liked it. They rehearsed in the afternoon. And for three minutes that night, Kai was [4] ____________ with Pearl Jam. He was so excited!

NOTES get sick 病気になる　rehearse リハーサルをする

1. **a.** was　**b.** were	**2.** **a.** performance　**b.** performing
3. **a.** is　**b.** was	**4.** **a.** drum playing　**b.** playing drums

B もう一度読んで、質問が正しければTを、正しくなければFを選びましょう。　CheckLink

1. Pearl Jam is an American rock group.　T / F
2. The regular drummer had a car accident.　T / F
3. Kai performed with the band for only a few minutes.　T / F

Writing

A 表の情報をもとに、与えられた語句を現在進行形にして、Annaが最近していることについての文章を完成させましょう（否定文の場合もあります）。

	Anna	You
Music （最近聞いている音楽）	-jazz -K-pop	
TV shows or videos （最近見ているテレビ番組・動画）	-a few dramas -some YouTube videos	
Sports （最近しているスポーツ）	-no sports	
Other things （その他、最近ハマっていること）	-jazz clubs -dance lessons	

go listen play take watch

These days, Anna [1] ________ to jazz and K-pop music. She [2] ________ a few dramas on television and some YouTube videos. She [3] ________ any sports. Also for fun, she [4] ________ to jazz clubs and [5] ________ dance lessons.

B 今度は **A** の表に自分の情報を記入しましょう。その後で、**A** を参考にして自分のことを書いてみましょう。

These days, ________

____

____

____

Unit 9

5:00 PM

At a Café

未来表現（willとbe going to）

Words & Expressions

日本語の意味になるように、a～f から当てはまる表現を選んで書きましょう。その後で、音声を聞いて答えを確認しましょう。

CheckLink　DL 42　CD 42

a. ***be spicy***	b. ***order food***	c. ***be full***
d. ***call the waiter***	e. ***be delicious***	f. ***look at the menu***

1. ＿＿＿＿＿＿＿＿＿＿（メニューを見る）

2. ＿＿＿＿＿＿＿＿＿＿（店員を呼ぶ）

3. ＿＿＿＿＿＿＿＿＿＿（料理を注文する）

4. ＿＿＿＿＿＿＿＿＿＿（おいしい）

5. ＿＿＿＿＿＿＿＿＿＿（辛い）

6. ＿＿＿＿＿＿＿＿＿＿（満腹）

Conversation

Jayと Maiは翌日の予定を立てているところです。

A 会話を聞いてA～Dのイラストを順番に並べ替えましょう。

CheckLink DL 43 CD 43

1. ☐ → **2.** ☐ → **3.** ☐ → **4.** ☐

B もう一度会話を聞いて、質問が正しければTを、正しくなければFを選びましょう。

CheckLink DL 43 CD 43

1. Jay is going to have dinner after work. T / F

2. Jay usually works on Friday nights. T / F

3. The weather will be good tomorrow. T / F

C もう一度会話を聞いて空所の語句を書き取りましょう。 DL 43 CD 43

Mai: You ordered a lot of food, Jay. What time are you going [1] ________ ________ dinner?

Jay: This *is* my dinner. I work from six to nine-thirty on Fridays.

Mai: Oh, I see. What are you going [2] ________ ________ on the weekend?

Jay: Maybe [3] ________ [4] ________ a video or read a book. How about you?

Mai: I go jogging in the park every morning. Hey, why don't you come tomorrow? [5] ________ [6] ________ warm and sunny. Or do you usually sleep in on weekends?

Jay: Me? No! I always get up early. …

Grammar

未来表現（willとbe going to）

willとbe going toは未来のことについて表す場合に、主に次のような使い方をします。

1 〈未来の予測〉を表す ➡ **will**

I will be home around 7 o'clock.（私は7時頃に帰宅するでしょう）

2 〈話しているときにその場で決めたこと〉を表す ➡ **will**

"This room is hot." "I will open the window."（「この部屋は暑いです」「窓を開けましょう」）

3 〈計画・予定〉を表す ➡ **be going to**

Mary is going to see a movie on Sunday.（Maryは日曜日に映画を見に行く予定です）

4 〈意志や意図〉を表す ➡ **be going to**

I am going to study hard for my test.（テストのために私は一生懸命勉強するつもりです）

● **willの文：後ろに動詞の原形を続けます。**

I will ('ll) work　　you / we / they will ('ll) work　　he / she / it will ('ll) work

I'll work tonight. / It'll rain tomorrow.

● **willの否定文：willの後ろにnotをつけます。**

I will not work　　you / we / they will not work　　he /she / it will not work
(I won't work)　　(you / we / they won't work)　　(he /she / it won't work)

I won't work tonight. / It won't rain tomorrow.

● **willの疑問文：willを文の先頭に持ってきて、後ろに主語を続けます。**

Will I work?　　Will you / we / they work?　　Will he / she / it work?

Will I work tonight? / Will it rain tomorrow?

● **be going toの文：be動詞とgoing toの後ろに動詞の原形を続けます。**

I am going to work　　you / we / they are going to work　　he / she / it is going to work

I'm going to work tonight. / He's going to buy it.

● **be going toの否定文：be動詞の後ろにnotをつけます。**

I am not going to work　　you / we / they are not going to work
he /she / it is not going to work

I'm not going to work tonight. / He isn't going to buy it.

● **be going toの疑問文：文の先頭にbe動詞を持ってきて、後ろに主語を続けます。**

Am I going to work?　　Are you / we / they going to work?
Is he / she / it going to work?

Am I going to work tonight? / Is he going to buy it?

Grammar Quizzes

A (　　) 内の a または b から適当な語句を選んで文を完成させましょう。 CheckLink

1. The curry and rice (a. will b. will be) spicy.
2. I'll (a. email b. going to email) you tonight.
3. Will (a. you b. you'll) be home for dinner?
4. She (a. won't b. isn't going) to go hiking with us.
5. (a. Is b. Will) it going to snow tomorrow?
6. (a. I'll selling b. I'm going to sell) some old clothes.
7. Are you going (a. come b. to come) to my party on Saturday?
8. What (a. are you going b. you are going) to do on the weekend?

B 日本語の意味に合うように、以下の動詞を正しい未来表現の形に変えて文を完成させましょう（否定文や疑問文の場合もあります）。

buy *become* *call* *go* *have* *meet* *order*

1. I ________ ________ the waiter.
(私がウェイターを呼びましょう)

2. I ________ ________ ________ ________ a professional dancer.
(私はプロのダンサーになるつもりです)

3. Diane ________ ________ her friends today.
(今日、ダイアンは友人に会わないでしょう)

4. We ________ ________ ________ ________ dessert.
(私たちはデザートを頼まないつもりです)

5. ________ you ________ time for lunch today?
(今日、あなたはランチの時間がありますか)

6. ________ Ben and Grace ________ ________ ________ a new house?
(ベンとグレースは新しい家を買うつもりですか)

7. I ________ ________ ________ ________ to a barbecue party on Sunday.
(私は日曜日にバーベキューパーティーに行く予定です)

Short Conversations

(　　) 内のaまたはbから適当な語句を選んで会話を完成させましょう。その後で、音声を聞いて答えを確認しましょう。 CheckLink DL 44 ~ 45 CD 44 ~ CD 45

A **W:** Are you going to [1](**a.** have **b.** having) dessert?

M: No, I'm full. But [2](**a.** I'm **b.** I'll) going to order some coffee. How about you?

W: Well, [3](**a.** I'll **b.** I'm going) look at the menu.

B **M:** I'm [1](**a.** will **b.** going to) make my presentation soon. I'm so nervous!

W: Don't worry. [2](**a.** It'll **b.** It's going) be great! Here, drink this tea. It will [3](**a.** relax **b.** to relax) you.

NOTE nervous 緊張して

Reading

A 次の文を読み、選択肢から適当な語句を選んで空所に書きましょう。その後で、音声を聞いて答えを確認しましょう。 CheckLink DL 46 CD 46

American cafés

Today, I [1] ______ talk about American cafés. In American cafés, you will usually [2] ______ many items on the menu. Portions are big—I think they [3] ______ surprise you. Let's say you order a sandwich, a piece of cheesecake and iced tea for lunch. You probably [4] ______ be able to eat everything. That's OK. Call the waiter and ask for a doggy bag. And don't forget the tip. Most Americans leave a tip of 15 to 20% of the bill.

NOTES portion 1人分の量、部分　surprise 驚かせる　let's say ... 仮に…としましょう　doggy bag 持ち帰り袋　tip チップ　bill 請求書

1.	**a.** am going to	**b.** am going	**2.**	**a.** see	**b.** be seen
3.	**a.** will	**b.** won't	**4.**	**a.** aren't going	**b.** won't

B もう一度読んで、質問が正しければTを、正しくなければFを選びましょう。 CheckLink

1. In American cafés, there are usually many items on the menu. T / F
2. Portions are not big, but the food is good. T / F
3. A normal tip is about ten percent. T / F

Writing

A 表の情報をもとに、与えられた語句を使ってHarryが今日行く予定のレストランについての文章を完成させましょう。

	Harry	You
Name of restaurant (レストランの名前)	Fish Hut	
Main order (メインの注文)	fish & chips	
Dessert order (デザートの注文)	apple pie with ice cream (maybe)	
Cost (料金)	$15	

go will going will be I'll

I'm going to 1 ________ to the Fish Hut today. I'm 2 ________ to order fish and chips. Maybe 3 ________ order apple pie with ice cream for dessert. The meal 4 ________ cost about $15. It 5 ________ delicious!

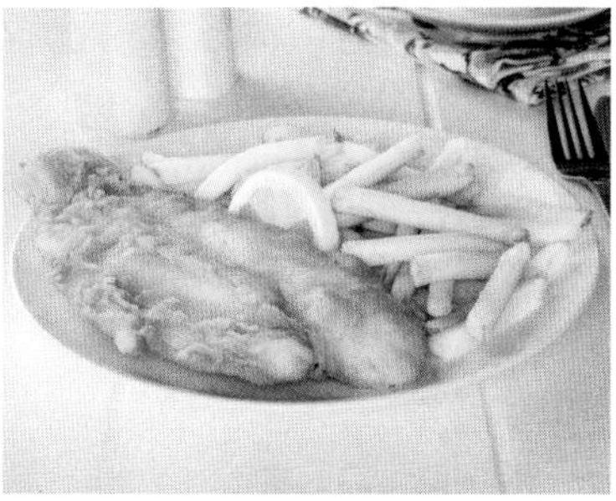

B 今度は **A** の表に、自分が今日レストランやカフェに行くと仮定して情報を記入しましょう。その後で、**A** を参考にして書いてみましょう。

I'm going to ________________________________

____

____

Unit 10

8:00 PM

Part-Time Job

現在完了形

Words & Expressions

日本語の意味になるように、a～f から当てはまる表現を選んで書きましょう。その後で、音声を聞いて答えを確認しましょう。

CheckLink　DL 47　CD 47

a. ***serve a customer***　b. ***check my schedule***　c. ***punch a time card***

d. ***display the products***　e. ***clean up***　f. ***Here's your change.***

1. ______________________
（予定を確認する）

2. ______________________
（接客する）

3. ______________________
（「おつりです」）

4. ______________________
（商品を陳列する）

5. ______________________
（片付ける）

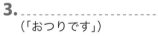

6. ______________________
（タイムカードを押す）

Conversation

Jayはアルバイト先で店長と仕事のことを話しています。

A 会話を聞いてA～Dのイラストを順番に並べ替えましょう。

CheckLink DL 48 CD 48

A

B

C

D

1. ☐ ➡ **2.** ☐ ➡ **3.** ☐ ➡ **4.** ☐

B もう一度会話を聞いて、質問が正しければTを、正しくなければFを選びましょう。

CheckLink DL 48 CD 48

1. The restroom is clean. T / F
2. Jay has finished everything on the list. T / F
3. The coffee maker isn't working. T / F

C もう一度会話を聞いて空所の語句を書き取りましょう。 DL 48 CD 48

Manager: Have you [1] ________ everything on this list, Jay?

Jay: Well, I've [2] ________ the restroom and [3] ________ my schedule for next week.

Manager: Have you [4] ________ water into the coffee maker?

Jay: No, I [5] ________. I'm going to do that now.

Manager: Thanks. And after that, please fix the ice cream machine again. It [6] ________ worked all day.

Jay: No problem. … Do I get a bonus this time … or just free ice cream again?

NOTES restroom 洗面所 fix 直す

Grammar

現在完了形

現在完了形は主に次のような使い方をします。

1 〈過去に始まって現在も続いていること〉を表す

They have been friends since high school.（彼らは高校時代からの友人です）
She has lived in Tokyo all her life.（彼女は生まれてからずっと東京に住んでいます）

2 〈現在までに経験したこと〉を表す

I have read this book before.（私はこの本を前に読んだことがあります）
He has traveled to more than 50 countries.（彼は50カ国以上に旅行したことがあります）

● 現在完了形の文：have（またはhas）の後ろに動詞の過去分詞を続けます（➡p.103）。

I / you / we / they have ('ve) started, had, been ...
he / she / it has ('s) started, had, been ...

I've been to Hawaii. / They've had many jobs. / She has started her homework.

● 現在完了形の否定文：have（またはhas）の後ろにnotをつけます。

I / you / we / they have not (haven't) started, had, been ...
he / she / it has not (hasn't) started, had, been ...

I haven't been to Hawaii. / They haven't had many jobs. / She hasn't started her homework.

● 現在完了形の疑問文：先頭にhave（またはhas）を持ってきて、後ろに主語を続けます。

Have I / you / we / they started, had, been ...?
Has he / she / it started, had, been ...?

Have you been to Hawaii? / Have they had many jobs? / Has she started her homework?

! Be Careful

・経験したことについて表す場合、疑問文では「これまでに」という意味のeverを使うことができます。

Have you ever been to Canada?（あなたはこれまでにカナダに行ったことがありますか）

ただし、普通の文ではeverは使いません。

×I have ever been to Canada.

・neverは否定する文で使います。

I have never been to Canada.（私はこれまでにカナダに行ったことが一度もありません）

Grammar Quizzes

A (　　) 内の a または b から適当な語句を選んで文を完成させましょう。 CheckLink

1. (**a.** I'm　**b.** I've) lost my money.
2. We have (**a.** knew　**b.** known) him since high school.
3. It hasn't (**a.** been rain　**b.** rained) for a long time.
4. Have you (**a.** punch　**b.** punched) your time card?
5. The restaurant (**a.** is　**b.** has) served many students since 1980.
6. Karen has (**a.** displayed　**b.** displays) the products for the sale.
7. She has (**a.** been　**b.** ever been) to Australia.
8. Has (**a.** written Meg　**b.** Meg written) her report?

B 日本語の意味に合うように、以下の動詞を現在完了の形に変えて文を完成させましょう（否定文や疑問文の場合もあります）。

be　*clean up*　*live*　*lose*　*open*　*start*　*tell*

1. She ________ her room.
   （彼女は部屋を掃除していません）
2. ________ you ________ your new part-time job?
   （あなたは新しいアルバイトを始めましたか）
3. Susan ________ her birthday present yet.
   （スーザンはまだ誕生日プレゼントを開けていません）
4. Joe ________ always ________ a good student.
   （ジョーはずっと優等生です）
5. How long ________ you ________ in Japan?
   （あなたはどのくらい日本に住んでいますか）
6. The team ________ any games this year.
   （そのチームは今年、まだひとつの試合も負けていません）
7. "I forgot my textbook." "________ you ________ your teacher?"
   （「教科書を忘れちゃった」「先生には言った？」）

Short Conversations

(　　) 内のaまたはbから適当な語句を選んで会話を完成させましょう。その後で、音声を聞いて答えを確認しましょう。　CheckLink　DL 49 ~ 50　CD 49 ~ CD 50

A
M: Have [1](**a.** ever you had　**b.** you ever had) a part-time job?
W: Yes, [2](**a.** I'm　**b.** I've) worked at a shoe store. Now I'm working at Ace Café.
M: Oh, I've [3](**a.** been　**b.** went) there a few times. It's a great café.

B
W: Here's your change, sir. I [1](**a.** has　**b.** have) put your receipt in the bag.
M: Thank you. … Um, have you [2](**a.** saw　**b.** seen) my wife?
W: Yes, she has just [3](**a.** gone　**b.** went) into the fitting room again.

NOTE receipt レシート、領収書

Reading

A 次の文を読み、選択肢から適当な語句を選んで空所に書きましょう。その後で、音声を聞いて答えを確認しましょう。　CheckLink　DL 51　CD 51

On-campus Jobs

College students in the United States often work several on-campus jobs. Jeremy, for example, has [1] ______________ customers at the campus café and worked at the bookstore. He has also [2] ______________ people on campus tours. Thanks to these jobs, Jeremy has [3] ______________ and learned new skills. At job interviews, companies talk about the importance of communication and teamwork. Jeremy tells them about his on-campus jobs—they have [4] ______________ him a lot of experience in those areas.

NOTES thanks to … …のおかげで　job interview 就職面接
importance 大切さ、重要性

1. **a.** served　**b.** service　　**2.** **a.** taken　**b.** took
3. **a.** new friends made　**b.** made new friends　　**4.** **a.** given　**b.** giving

B もう一度読んで、質問が正しければTを、正しくなければFを選びましょう。　CheckLink

1. Jeremy has worked at the university bookstore.　T / F
2. Jeremy always asks questions about his jobs at job interviews.　T / F
3. Jeremy has learned communication and teamwork skills at work.　T / F

Writing

A 表の情報をもとに、与えられた動詞を現在完了形にして、Carlaの経歴についての文章を完成させましょう（否定文の場合もあります）。

	Carla	You
Part-time job（アルバイトの経験）	-restaurant -museum	
Classes（大学で取っている授業）	art history	
Presentations（プレゼンテーションの経験）	several this year	
Team leader（チームリーダーの経験）	no	
Computer skills（パソコンのスキル）	-Word -Excel -Photoshop	

be learn make take work

Carla [1] ________ part-time before at a restaurant and a museum. She [2] ________ classes in art history at her university. She [3] ________ several presentations this year. She [4] ________ a team leader before. She [5] ________ Word, Excel and Photoshop.

B 今度は **A** の表に自分の情報を記入しましょう。その後で、**A** を参考にして自分のことを書いてみましょう。

I ________________________________

____

____

____

Unit 11

9:45 PM

After Work

助動詞

Words & Expressions

日本語の意味になるように、a～f から当てはまる表現を選んで書きましょう。その後で、音声を聞いて答えを確認しましょう。

CheckLink DL 52 CD 52

a. ***do volunteer work***
b. ***go to a party***
c. ***meet a friend***
d. ***do a club activity***
e. ***go to karaoke***
f. ***do my assignment***

1. ------------------------
（友人に会う）

2. ------------------------
（カラオケに行く）

3. ------------------------
（部活動をする）

4. ------------------------
（課題をする）

5. ------------------------
（コンパに行く）

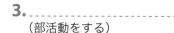

6. ------------------------
（ボランティアをする）

Conversation

アルバイトの後、Jayと同僚のJamarが話しています。

A 会話を聞いてA～Dのイラストを順番に並べ替えましょう。

CheckLink DL 53 CD 53

A

B

C

D

1. ☐ ➡ **2.** ☐ ➡ **3.** ☐ ➡ **4.** ☐

B もう一度会話を聞いて、質問が正しければTを、正しくなければFを選びましょう。

CheckLink DL 53 CD 53

1. Jamar is going to meet some people. T / F
2. Jay is going to have dinner at home. T / F
3. Jay will see Jamar on Sunday. T / F

C もう一度会話を聞いて空所の語句を書き取りましょう。 DL 53 CD 53

Jamar: Hey, Jay, I'm going to meet some friends for dinner and karaoke. Why don't you come? It [1] __________ be fun.

Jay: Thanks, Jamar, but I've already had dinner. And you know I [2] __________ sing.

Jamar: Ha ha ha! You [3] __________ __________ __________ eat or sing. You [4] __________ just order a drink.

Jay: Actually, I [5] __________ stay out late. I'm tired, and I [6] __________ __________ get up very early tomorrow morning.

Jamar: Oh, OK. Well, I'll see you on Monday. Bye.

NOTES actually 実は　stay out late 夜遅くまで出歩く

Grammar

助動詞

助動詞は、「能力」「許可」「可能性」「義務」などを表す場合に、他の動詞と一緒に使います。
助動詞の後ろには動詞の原形を続けます。

He can speak Spanish.（彼はスペイン語を話すことができます）

● 助動詞の種類

can (could) 能力「…できる（できた）」	She can draw well. （彼女は上手に絵を描くことができます）
can / could / may 許可「…してもいい」	May I ask a question? （質問をしてもいいですか）
can / could / will / would 依頼「…してもらえますか」	Will you open the window? （窓を開けてもらえますか）
may / might / could 可能性「…かもしれない」	It might rain today. （今日は雨が降るかもしれません）
should / ought to / had better アドバイス「…したほうがいい、…すべき」	You should eat more vegetables. （あなたはもっと野菜を食べたほうがいいです）
have to / must 義務「…しなければならない」	We must get up early tomorrow. （私たちは明日、早起きをしなければなりません）
can't / must not 禁止「…してはいけない」	You can't keep a pet in this apartment. （このアパートでペットを飼ってはいけません）

● 助動詞の否定文：助動詞の後ろにnotをつけて動詞の原形を続けます。

can → cannot (can't)
could → could not (couldn't)
may → may not
will → will not (won't)
would → would not (wouldn't)
might → might not
should → should not (shouldn't)
ought to → ought not to
had better → had better not
have to → don't (doesn't) have to
must → must not (mustn't)

● 助動詞の疑問文：助動詞を文の先頭に持ってきて、後ろに主語を続けます。
have toの場合はDoやDoesを先頭に持ってきます。

Can / Could / May / Will / Would / Should I / you / he / she / it / we / they ...?
have to → Do I / you / we / they have to ...? Does he / she / it have to ...?

Grammar Quizzes

A (　　) 内の a または b から適当な語句を選んで文を完成させましょう。 CheckLink

1. Sorry I (a. couldn't b. wouldn't) go to your party last night.
2. She may (a. do b. does) volunteer work on Sunday.
3. You (a. could b. must) not be late for class tomorrow.
4. (a. May b. Would) you close the door, please?
5. You (a. had better b. ought) to wear a coat.
6. Where's my smartphone? I (a. can b. can't) find it.
7. Take an umbrella with you. It (a. could b. had better) rain today.
8. There are no taxis. We (a. have to b. don't have to) walk home.

B 日本語の意味に合うように、(　　) の助動詞のどちらかを使って文を完成させましょう。

1. You ______________ take photos here. *(can / can't)*
(ここで写真を撮ることはできません)

2. I ______________ meet my professor. *(have to / may)*
(私は先生に会わなければなりません)

3. ______________ I sit here? *(May / Should)*
(ここに座ってもいいですか)

4. Ted ______________ run fast in high school. *(can/could)*
(高校時代、テッドは速く走ることができました)

5. We ______________ get up early tomorrow. *(must not / don't have to)*
(私たちは明日は早起きする必要はありません)

6. I ______________ join a club this year. *(can / might)*
(私は今年、何かクラブに入るかもしれません)

7. You ______________ talk to your boss about your salary. *(must / should)*
(あなたは給料について上司に話したほうがいいです)

Short Conversations

(　　) 内のaまたはbから適当な語句を選んで会話を完成させましょう。その後で、音声を聞いて答えを確認しましょう。　CheckLink　DL 54 ~ 55　CD 54 ~ CD 55

A **W:** I [1](**a.** have　**b.** must) to do my assignment for my history class. [2](**a.** Should　**b.** Would) you help me, Paul?

M: Sure, I [3](**a.** can　**b.** couldn't) meet you after school.

B **M:** Excuse me, you [1](**a.** can't　**b.** might not) wear your shoes in the temple. You [2](**a.** should　**b.** ought) put on these slippers.

W: Oh, I'm sorry. I didn't know. I [3](**a.** couldn't　**b.** must not) read the sign.

NOTE temple 寺

Reading

A 次の文を読み、選択肢から適当な語句を選んで空所に書きましょう。その後で、音声を聞いて答えを確認しましょう。　CheckLink　DL 56　CD 56

After Classes

After classes, some students have to [1] ________ to their part-time jobs. Others [2] ________ do club activities or volunteer work, or go out with friends. And some students [3] ________ stay up late and study. In many cases, they can [4] ________ this in their university library. Many university libraries in the United States, England and other countries are open until 11 p.m. or later. In fact, a lot of libraries are now open 24 hours a day—perfect for all-nighters.

NOTES stay up late 遅くまで起きている、夜ふかしする　in many cases 多くの場合　in fact 実際に　all-nighter 徹夜の勉強

1. **a.** go	**b.** went	**2.** **a.** ought	**b.** might
3. **a.** don't have to	**b.** may	**4.** **a.** do	**b.** to do

B もう一度読んで、質問が正しければTを、正しくなければFを選びましょう。　CheckLink

1. Most students work part-time after their classes.　T / F
2. Some students do assignments in the school library at night.　T / F
3. No American universities are open 24 hours a day.　T / F

Writing

A 表の情報をもとに、与えられた助動詞を使ってKentの今週の予定についての文章を完成させましょう（助動詞は形を変える必要がある場合もあります）。

	Kent	You
I must ... （しなければならないこと）	-study for my history test -buy a birthday present for my friend	- -
I should ... （したほうがいいこと）	-do my assignment -plan my trip to Hawaii	- -
I shouldn't ... （しないほうがいいこと）	-play computer games -skip breakfast	- -
I might ... （するかもしれないこと）	-go to karaoke -visit my grandparents	- -

had better not ***have to*** ***may*** ***ought to***

This week, Kent [1] ________ study for his history test and buy a birthday present for his friend. He [2] ________ do his assignment and plan his trip to Hawaii. He [3] ________ play computer games or skip breakfast. He [4] ________ go to karaoke and visit his grandparents.

B 今度は **A** の表に自分の情報を記入しましょう（それぞれ2つずつ考えてみましょう）。その後で、**A** を参考にして自分のことを書いてみましょう。

This week, I ____

____

____

Unit 12

10:30 PM

Housework

不定詞と動名詞

Words & Expressions

日本語の意味になるように、a～f から当てはまる表現を選んで書きましょう。その後で、音声を聞いて答えを確認しましょう。

CheckLink DL 57 CD 57

a. ***water a plant*** b. ***do the laundry*** c. ***take out the trash***

d. ***vacuum the carpet*** e. ***feed my pet*** f. ***do the dishes***

2. ________________________
（洗濯する）

1. ________________________
（食器を洗う）

3. ________________________
（カーペットに掃除機をかける）

6. ________________________
（ペットにごはんをあげる）

4. ________________________
（ゴミ出しをする）

5. ________________________
（植物に水をやる）

Conversation

Jayは姉のSueに明日まで待てないお願いごとをしているようです。

A 会話を聞いてA～Dのイラストを順番に並べ替えましょう。

CheckLink DL 58 CD 58

1. ☐ → 2. ☐ → 3. ☐ → 4. ☐

B もう一度会話を聞いて、質問が正しければTを、正しくなければFを選びましょう。

CheckLink DL 58 CD 58

1. Sue has finished her report. T / F
2. Jay never does laundry. T / F
3. Jay's mother usually washes clothes on Saturdays. T / F

C もう一度会話を聞いて空所の語句を書き取りましょう。 DL 58 CD 58

Jay: Have you finished [1] ________ your report, Sue?

Sue: No, I just decided [2] ________ ________ a break. Why?

Jay: I need [3] ________ ________ this T-shirt. But I've never used the washing machine before. Mom's already asleep, so would you mind [4] ________ me?

Sue: Mom likes [5] ________ the laundry on Saturday mornings. Why don't you wait? Then you don't have to do it.

Jay: Well, I'm going out early tomorrow, and I really want [6] ________ ________ it. … PLEASE!!!

Grammar

不定詞と動名詞

不定詞と動名詞は「…すること」という意味を表し、名詞の代わりに使うことができます。どちらを使うかは動詞によって決まります。それぞれ、次のような形をしています。

1 不定詞 ➡〈動詞の原形の前にto〉がつく

Bob likes to play tennis.（ボブはテニスをすることが好きです）

I want to go to Hawaii.（私はハワイに行くことを望んでいます）

2 動名詞 ➡〈動詞の原形の後ろにing〉がつく

We enjoy studying English.（私たちは英語を勉強することを楽しんでいます）

Karen started taking dance lessons.（カレンはダンスのレッスンを受けることを始めました）

● 後ろに不定詞のみが続く動詞

choose　decide　hope　learn　need　plan　promise　want など

She hopes to become a doctor. / I need to save money. / He promised to call me.

● 後ろに動名詞のみが続く動詞

dislike　enjoy　finish　mind　practice　quit など

Jordan dislikes studying. / I don't mind cooking. / Anne quit working at the bank.

● 後ろに不定詞と動名詞のどちらも続く動詞

begin　continue　hate　like　love　prefer　start など

It started to rain/raining.

She continued to study/studying until 1:00 a.m.

I like to watch/watching TV, but I prefer to read/reading books.

Grammar Quizzes

A (　　) 内のa～cから適当なものを選んで文を完成させましょう。　CheckLink

1. William enjoys (**a.** to play　**b.** playing　**c.** a または b) sports.
2. Julia chose (**a.** to study　**b.** studying　**c.** a または b) in Japan.
3. Do you like (**a.** to swim　**b.** swimming　**c.** a または b)?
4. Beth hopes (**a.** to become　**b.** becoming　**c.** a または b) an artist.
5. What do you want (**a.** to have　**b.** having　**c.** a または b) for lunch?
6. Jason started (**a.** to take　**b.** taking　**c.** a または b) driving lessons.
7. Bert dislikes (**a.** to do　**b.** doing　**c.** a または b) the dishes.
8. I don't mind (**a.** to do　**b.** doing　**c.** a または b) housework.

B 日本語の意味に合うように、以下の動詞を不定詞か動名詞に変えて文を完成させましょう。

come　eat　play　sing　take out　water　wear

1. He promised ＿＿＿＿＿＿＿＿ here by 3:00.
(彼は3時までにここに来ることを約束しました)

2. Let's practice ＿＿＿＿＿＿＿＿ the song together.
(一緒に歌を歌うことを練習しましょう)

3. What do you plan ＿＿＿＿＿＿＿＿ to the party?
(パーティーへは何を着ていくことを予定していますか)

4. We need ＿＿＿＿＿＿＿＿ the trash.
(私たちはゴミ出しをすることが必要です)

5. When did you learn ＿＿＿＿＿＿＿＿ the guitar?
(あなたはいつギターを弾くことを学びましたか)

6. I quit ＿＿＿＿＿＿＿＿ snacks late at night.
(私は夜遅くにスナックを食べることをやめました)

7. I vacuumed the carpet, and I've finished ＿＿＿＿＿＿＿＿ the plants.
(私はカーペットに掃除機をかけて、植物に水をやることを終えたところです)

Short Conversations

(　　) 内の a または b から適当な語句を選んで会話を完成させましょう。その後で、音声を聞いて答えを確認しましょう。　CheckLink　DL 59 ~ 60　CD 59 ~ CD 60

A **W:** I want [1](**a.** moving　**b.** to move) some boxes, but they're really heavy.

M: OK, I don't mind [2](**a.** helping　**b.** to help) you, but I need [3](**a.** finishing　**b.** to finish) this work first.

B **M:** What are you planning [1](**a.** to do　**b.** doing) for the winter holidays?

W: I enjoy [2](**a.** to snowboard　**b.** snowboarding), so I decided [3](**a.** going　**b.** to go) to Hokkaido.

Reading

A 次の文を読み、選択肢から適当な語句を選んで空所に書きましょう。その後で、音声を聞いて答えを確認しましょう。　CheckLink　DL 61　CD 61

Housework Tips

After high school, many students [1] ______________ living alone and attending university. Soon they become busy with classes and homework. Some of them [2] ______________ to join university clubs or find part-time jobs. Most students dislike [3] ______________ housework and don't have time for it. But housework doesn't need [4] ______________ a problem. Here are four tips: 1) Make your bed every day. 2) Do the dishes after every meal. 3) Don't leave dirty clothes, books, etc. on the floor. 4) Never skip 1, 2 or 3.

NOTES tip ヒント、アドバイス　alone 独りで　attend 通う、出席する　however けれども　make one's bed ベッドを整える

1. **a.** choose　**b.** start　　**2.** **a.** decide　**b.** mind
3. **a.** doing　**b.** to do　　**4.** **a.** to be　**b.** being

B もう一度読んで、質問が正しければTを、正しくなければFを選びましょう。　CheckLink

1. Most students join university clubs and have jobs.　T / F
2. One tip says students don't have to make their bed every day.　T / F
3. One tip says students should wash the dishes once a day.　T / F

Writing

A 表の情報をもとに、与えられた動詞を使ってSarahの家事に対する考え方についての文章を完成させましょう（動詞は形を変える必要がある場合もあります）。

	Sarah	You
☺	-water the plants -feed my pet	- -
😐	-clean my room -take out the trash	- -
><	-do the dishes -clean the bathtub	- -

dislike don't mind enjoy hate like

Sarah [1] ________ to water the plants. She also [2] ________ feeding her pet. She [3] ________ cleaning her room or taking out the trash. She [4] ________ to do the dishes, and she [5] ________ cleaning the bathtub, too.

B 今度は **A** の表に自分の情報を記入しましょう。その後で、**A** を参考にして自分のことを書いてみましょう。

I ____________________

____

____

____

HINTS clean the toilet / cook / wash the floor / clean windows / work in the garden

Unit 13

11:30 PM

Free Time at Home

比較級と最上級

Words & Expressions

日本語の意味になるように、a～f から当てはまる表現を選んで書きましょう。その後で、音声を聞いて答えを確認しましょう。

CheckLink　DL 62　CD 62

a. ***text a friend***	b. ***take a bath***	c. ***play a computer game***
d. ***browse the Internet***	e. ***watch a video***	f. ***listen to music***

2. ________________________
（動画を見る）

1. ________________________
（お風呂に入る）

3. ________________________
（友人にメールを送る）
*携帯電話などの場合

6. ________________________
（コンピュータゲームをする）

4. ________________________
（インターネットを見る）

5. ________________________
（音楽を聞く）

Conversation

Jayは友人のMikeと電話中です。

A 会話を聞いてA～Dのイラストを順番に並べ替えましょう。

CheckLink DL 63 CD 63

1. ☐ → 2. ☐ → 3. ☐ → 4. ☐

B もう一度会話を聞いて、質問が正しければTを、正しくなければFを選びましょう。

CheckLink DL 63 CD 63

1. Jay has taken a shower. T / F
2. Mike and Jay will play a video game. T / F
3. Jay has a Spanish class tomorrow morning. T / F

C もう一度会話を聞いて空所の語句を書き取りましょう。 DL 63 CD 63

Mike: Hi, Jay. What are you doing?

Jay: I just took a shower, and I'm drying my hair.

Mike: Do you want to play a computer game? I have the [1] ______ *Space Aliens.*

Jay: Sorry, I have to get up [2] ______ than usual tomorrow. I'm going to go jogging with a girl from my Spanish class. But I'm a little worried. She's [3] ______ and [4] ______ than me. And I think she can run [5] ______, too.

Mike: Ha ha ha! Physical education was always your [6] ______ subject. Good luck!

NOTES ... than usual いつもより… worried 心配している physical education 体育

Grammar

比較級と最上級

比較級と最上級は次のような使い方をします。

1 〈2つのもの〉を比べる ➡ 形容詞の比較級

Bob is taller than John. (トムはジョンよりも背が高いです)
＊比較級の後ろにはthanが続きます。

2 〈2つの動作〉を比べる ➡ 副詞の比較級

Mary runs faster than Jack. (メアリーはジャックより速く走ります)

3 〈3つ以上のもの〉を比べる ➡ 形容詞の最上級

This is the oldest building in the city. (これは町でいちばん古い建物です)
＊最上級の前にはtheがつきます。

4 〈3つ以上の動作〉を比べる ➡ 副詞の最上級

In our class, Joe studies the hardest. (私たちのクラスでジョーが最も熱心に勉強します)

● 比較級と最上級の形 (短い形容詞・副詞の場合):語尾にerまたはestをつけます (➡p.103)。

原級 (元の形)	比較級	最上級
clean	cleaner	cleanest
large	larger	largest
hot	hotter	hottest
easy	easier	easiest

The Earth is larger than the Moon. / Today is the hottest day of the year.

● 比較級と最上級の形 (長い形容詞・副詞の場合):前にmoreまたはmostを入れます。

原級 (元の形)	比較級	最上級
quickly	more quickly	most quickly
careful	more careful	most careful
interesting	more interesting	most interesting

You work more quickly than me. / Who's the most interesting person in your class?

● 比較級と最上級の形 (その他の場合):不規則に変わるものもあります。

原級 (元の形)	比較級	最上級
good/well	better	best
bad	worse	worst

Steve is a better driver than Larry. / I am the worst singer in the world!

Grammar Quizzes

A (　　) 内の a または b から適当な語句を選んで文を完成させましょう。 CheckLink

1. This is the (a. older b. oldest) house in the town.
2. Yesterday was (a. warmer b. warmer than) today.
3. Steve is looking for a (a. cheaper b. more cheaper) apartment.
4. Thursday is my (a. busiest b. the busiest) day.
5. Who runs (a. faster b. the fastest) — you or Jake?
6. Janet plays the piano (a. better b. well) than me.
7. Roger is (a. Barry more than tall b. taller than Barry).
8. What's (a. a more popular than b. the most popular) sport in your country?

B 日本語の意味に合うように、以下の語句を使って正しい比較の文を完成させましょう。

good *interesting* *heavy* *near* *quickly* *relaxing* *young*

1. Bob is ______________ me.
(ボブは私より年下です)

2. This is ______________ video.
(これはいちばんおもしろい動画です)

3. Your suitcase is ______________ mine.
(あなたのスーツケースは私のものよりも重いです)

4. Gordon eats ______________ Edward.
(ゴードンはエドワードより食べるのが早いです)

5. Eddy is ______________ player on our team.
(エディは私たちのチームでいちばん上手な選手です)

6. Where's ______________ station?
(最寄り駅はどこですか)

7. Baths are ______________ showers.
(お風呂はシャワーよりもくつろげます)

Short Conversations

(　　) 内のaまたはbから適当な語句を選んで会話を完成させましょう。その後で、音声を聞いて答えを確認しましょう。 CheckLink DL 64 ~ 65 CD 64 ~ CD 65

A **M:** Your smartphone is nice. Is it the 1(**a.** newer than **b.** newest) model?

W: Yes. It's a little 2(**a.** big **b.** bigger) than my old one, and it takes 3(**a.** better than **b.** better) pictures.

B **W:** What's 1(**a.** better **b.** the best) way to the airport?

M: Well, the train is 2(**a.** cheaper than **b.** the cheapest) way, but a taxi is 3(**a.** quicker **b.** quicker than).

Reading

A 次の文を読み、選択肢から適当な語句を選んで空所に書きましょう。その後で、音声を聞いて答えを確認しましょう。 CheckLink DL 66 CD 66

Students Love Their Smartphones

Today, the 1 ______________ important item for many young people is their smartphone. Smartphones are 2 ______________ tablets—almost everyone has one. They're more portable, too. Smartphones and tablets are about the same in thickness, but smartphones are 3 ______________ in size and 4 ______________ in weight. On average, college students use their phones for around five hours a day. They spend a lot of their free time at home on them. They browse the Internet, call or text friends, enjoy music and games, watch videos, etc.

NOTES portable 持ち運べる thickness 厚さ weight 重さ on average 平均して spend 費やす

1. **a.** more	**b.** most	**2.** **a.** more popular than	**b.** the most popular
3. **a.** more small	**b.** smaller	**4.** **a.** lighter	**b.** lighter than

B もう一度読んで、質問が正しければTを、正しくなければFを選びましょう。 CheckLink

1. For many young people, a smartphone is more important than a computer. T / F
2. Tablets are usually thicker than smartphones. T / F
3. College students usually spend about five hours a week on their phones. T / F

Writing

A 表の情報をもとに、与えられた語句を比較の形にして、Walterの自宅での自由な時間についての文章を完成させましょう。

	Walter	You
texting a friend vs. calling a friend (友人にメールするvs.友人に電話する)	calling a friend (good)	
watching videos vs. playing a computer game (動画を見るvs.コンピュータゲームをする)	watching videos (enjoyable)	
taking a bath vs. listening to music (お風呂に入るvs.音楽を聞く)	taking a bath (relaxing)	
cooking dinner vs. cleaning a room (夕食を作るvs.部屋を掃除する)	cleaning a room (easy)	
drawing pictures vs. reading a book (絵を描くvs.本を読む)	drawing pictures (hard)	

NOTE enjoyable 楽しめる

good ***enjoyable*** ***relaxing*** ***easy*** ***hard***

Walter thinks calling a friend is [1] ________________ texting a friend. Watching videos is [2] ________________ playing a computer game. Taking a bath is [3] ________________ listening to music. Cleaning his room is [4] ________________ cooking dinner. And drawing pictures is [5] ________________ reading a book.

B 今度は **A** の表に自分の情報を記入しましょう。その後で、**A** を参考にして自分のことを書いてみましょう。

I think ____

____

____

Unit 14

6:00 AM

The Weekend

接続詞

Words & Expressions

日本語の意味になるように、a〜f から当てはまる表現を選んで書きましょう。その後で、音声を聞いて答えを確認しましょう。

CheckLink　DL 67　CD 67

a. ***go camping***　b. ***have a barbecue***　c. ***go to the beach***

d. ***go to an amusement park***　e. ***relax at home***　f. ***go to the park***

2. ________________________
（公園に行く）

1. ________________________
（海に行く）

3. ________________________
（キャンプに行く）

6. ________________________
（家でのんびりする）

4. ________________________
（バーベキューをする）

5. ________________________
（遊園地に行く）

Conversation

1階に下りてきたJayの母親は目を疑うような光景を目にします。

A 会話を聞いてA～Dのイラストを順番に並べ替えましょう。

CheckLink DL 68 CD 68

A

B

C

D

1. ☐ ➡ 2. ☐ ➡ 3. ☐ ➡ 4. ☐

B もう一度会話を聞いて、質問が正しければTを、正しくなければFを選びましょう。

CheckLink DL 68 CD 68

1. Jay got up before his mother. T / F
2. Jay made some fruit juice. T / F
3. Jay will do the dishes when he comes home. T / F

C もう一度会話を聞いて空所の語句を書き取りましょう。

DL 68 CD 68

Jay: Hi, Mom. Why did you get up so early? It's Saturday.

Mom: I heard some noise 1 ______ I was in the bathroom, 2 ______ I came downstairs.

Jay: Sorry, I was using the blender 3 ______ I was making this vegetable juice.

Mom: Am I awake 4 ______ dreaming? You never get up early on weekends.

Jay: Well, today is different. 5 ______ I eat breakfast, I'm going to go to the park for a jog. But I promise to do the dishes 6 ______ I leave.

Mom: … Now I *know* I'm dreaming!

NOTES downstairs 下の階に　blender ミキサー　jog ジョギング

Grammar

接続詞

接続詞は単語・句・文をつなぐ場合に使います。

I had rice **and** miso soup for breakfast.（私は朝食にごはんと味噌汁を食べました）
She's happy **because** she passed the test.（彼女は試験に合格したので喜んでいます）

● 等位接続詞：単語と単語、句と句、文と文をつなぎます。

and 「…と」	The food here is cheap **and** delicious. （ここの料理は安くておいしいです）
or 「…または」	Did you walk home **or** take the bus? （あなたは歩いて家に帰りましたか、それともバスに乗りましたか）
but 「…だけど」	I want to go to your party, **but** I'm busy then. （あなたのパーティーに行きたいのですが、そのときは忙しいです）
so 「…なので」	It might rain, **so** bring an umbrella. （雨が降るかもしれないので、傘を持っていきなさい）

● 従属接続詞：文と文をつなぎます。

before 「…する前に」	Let's have lunch **before** we study. （勉強する前にランチを食べましょう）
after 「…する後に」	I'll call you **after** I finish my work. （私は仕事が終わった後にあなたに電話します）
because 「…なので」	He was late for class **because** he got up late. （彼は遅く起きたので授業に遅れました）
although 「…だけれども」	We lost the game **although** we played well. （私たちはよくやったけれども試合に負けました）
when 「…するとき」	Please email me **when** you arrive at the station. （駅に着いたら私にメールしてください）
while 「…している間に」	Anne often listens to music **while** she studies. （アンは勉強をしている間、よく音楽を聞きます）
if 「もし…なら」	Open the window **if** you're hot. （暑かったら窓を開けてください）
unless 「もし…でないなら」	We'll go hiking tomorrow **unless** it rains. （雨が降らなければ、私たちは明日ハイキングに行きます）

! Be Careful

従属接続詞は文の先頭に来ることもできます。

Let's have lunch **before** we study. = **Before** we study, let's have lunch.

Grammar Quizzes

A (　　) 内の a または b から適当な語句を選んで文を完成させましょう。 CheckLink

1. The train stopped, (a. and　b. or) everyone got out.
2. He has a camera, (a. but　b. so) he never uses it.
3. I got up late (a. because　b. , so) I didn't set my alarm.
4. Calvin woke up (a. when　b. while) he heard the noise.
5. Turn off your computer (a. before　b. after) you leave the office.
6. Apples were on sale (a. because　b. , so) I bought four.
7. I went to many museums (a. although　b. while) I was staying in Italy.
8. (a. If　b. Unless) you're free on Sunday, let's go to the beach.

B 日本語の意味に合うように、以下の接続詞を使って文を完成させましょう。

and　but　or　after　if　unless　when

1. I just stayed home .... watched TV last weekend.
(先週末、私はただ家にいてテレビを見ただけでした)
2. Do you want to have a barbecue .... go on a picnic?
(バーベキューをしたいですか、それともピクニックに行きたいですか)
3. I like karaoke, ... I'm not a very good singer.
(私はカラオケが好きですが、あまり歌がうまくありません)
4. I went camping .... I was 10 years old.
(私は10歳のときにキャンプに行きました)
5. What will you do .... you finish university?
(大学を卒業したら何をしますか)
6. I'll call you .... I need your help.
(助けが必要になったらあなたを呼びます)
7. I'll go shopping tomorrow .... the weather is bad.
(天気が悪くなければ、私は明日買い物に行きます)

Short Conversations

(　　) 内のaまたはbから適当な語句を選んで会話を完成させましょう。その後で、音声を聞いて答えを確認しましょう。　CheckLink　DL 69 ~ 70　CD 69 ~ CD 70

A
W: Are you going out tonight, [1](**a.** and **b.** or) do you have homework?
M: I have homework, [2](**a.** but **b.** so) it'll only take a couple of hours. [3](**a.** After **b.** If) I'm not tired, I might go for a walk in the park.

NOTE a couple of ... 2～3の…

B
M: Send me a text message [1](**a.** before **b.** , so) you get to the station.
W: I can't text you [2](**a.** although **b.** because) my smartphone is broken. I'll call you [3](**a.** when **b.** while) I arrive.

NOTE text message ショートメール

Reading

A 次の文を読み、選択肢から適当な語句を選んで空所に書きましょう。その後で、音声を聞いて答えを確認しましょう。　CheckLink　DL 71　CD 71

Weekend Fun

On weekends, students enjoy staying home [1] ________ relaxing. But sometimes they like to do something more exciting. Students in Japan enjoy going to amusement parks. They're lucky [2] ________ there are dozens of wonderful parks. And [3] ________ the parks are usually very crowded on weekends, students have a good time. They also get some exercise and forget about schoolwork for a few hours. [4] ________ they return to class on Monday, they feel happy and positive.

NOTES dozens of ... たくさんの…　have a good time 楽しい時を過ごす　positive 前向きな

1. **a.** and	**b.** but	**2.** **a.** because	**b.** unless
3. **a.** although	**b.** , so	**4.** **a.** Or	**b.** When

B もう一度読んで、質問が正しければTを、正しくなければFを選びましょう。　CheckLink

1. Most students like to go out every weekend. T / F
2. There are many good amusement parks in Japan. T / F
3. Students don't usually have fun when the parks are crowded. T / F

Writing

A 表の情報をもとに、与えられた接続詞を使ってTammyが天気のよい週末によくすることについての文章を完成させましょう（先頭に来る語は大文字に変えましょう）。

	Tammy	You
She often ... （よくすること①）	**Activity:** play beach volleyball **Reasons:** –fun –good exercise	**Activity:** **Reasons:**
She often ... （よくすること②）	**Activity:** go to the park **Reasons:** –usually just relax –sometimes walk around the lake	**Activity:** **Reasons:**

and   ***but***   ***because***   ***unless***   ***when***

Tammy often plays beach volleyball on the weekend [1] ________ the weather is nice. She likes beach volleyball [2] ________ it's fun [3] ________ it's good exercise. [4] ________ it's raining, Tammy also enjoys going to the park. She usually just relaxes, [5] ________ sometimes she walks around the lake.

B 今度は **A** の表に自分の情報を記入しましょう。その後で、**A** を参考にして自分のことを書いてみましょう。

I often ______________________________

____

____

____

Unit 15

6:30 AM

Morning Workout

受動態

Words & Expressions

日本語の意味になるように、a～f から当てはまる表現を選んで書きましょう。その後で、音声を聞いて答えを確認しましょう。

CheckLink DL 72 CD 72

a. ***go jogging***
b. ***take supplements***
c. ***play a sport***
d. ***do push-ups***
e. ***do some stretching***
f. ***do sit-ups***

2. ______________________
（ストレッチをする）

1. ______________________
（スポーツをする）

3. ______________________
（ジョギングをする）

6. ______________________
（サプリを飲む）

4. ______________________
（腹筋をする）

5. ______________________
（腕立て伏せをする）

Conversation

JayとMaiは早朝のジョギングの前に公園で会っているところです。

A 会話を聞いてA～Dのイラストを順番に並べ替えましょう。

CheckLink DL 73 CD 73

A

B

C

D

1. ☐ ➡ **2.** ☐ ➡ **3.** ☐ ➡ **4.** ☐

B もう一度会話を聞いて、質問が正しければTを、正しくなければFを選びましょう。

CheckLink DL 73 CD 73

1. Jay planned to get up at 6:00. T / F

2. Jay took some photos of birds in the park. T / F

3. The sports drink contains apple juice. T / F

C もう一度会話を聞いて空所の語句を書き取りましょう。 DL 73 CD 73

Mai: Good morning, Jay. You're early.

Jay: Well, my alarm was 1 __________ for 6:00, but I was 2 __________ by birds at 5:30. These pictures were 3 __________ from my window.

Mai: Nice! … Oh, here's a sports drink for you. It's 4 __________ with water, pineapple juice, lemon and salt.

Jay: Thanks. And I made a postcard for you. The title is 5 __________ at the bottom.

Mai: It's 6 __________ *Pasta on a White T-Shirt.* I love it! … Now, let's do some stretching before we go jogging.

Grammar

受動態

受動態は「…が～される」という意味を表します。たとえば、次のような使い方をします。

1 動作を行う側ではなく、動作を受ける人やものに焦点が当てられている場合

The rooms are cleaned every day.（その部屋は毎日きれいにされます）

2 動作を行なっている人がわからなかったり、重要でなかったり、あるいはわかりきっている場合

Pineapples are grown in Hawaii.（パイナップルはハワイで育てられます）

● 受動態の現在形：be動詞の現在形の後ろに過去分詞を続けます。

I am taught ...　　you / we / they are taught ...　　he / she / it is taught ...

I'm taught by Ms. Smith. / They are sold here. / The car is made in Japan.

● 受動態の否定文：be動詞の現在形の後ろにnotをつけます。

I am not taught ...　　you / we / they are not taught ...　　he /she / it is not taught ...

I'm not taught by Ms. Smith. / They aren't sold here. / The car isn't made in Japan.

● 受動態の疑問文：be動詞の現在形を先頭に持ってきて、後ろに主語を続けます。

Am I taught ...?　　Are you / we / they taught ...?　　Is he / she / it taught ...?

Am I taught by Ms. Smith? / Are they sold here? / Is the car made in Japan?

● 受動態の過去形：be動詞の過去形の後ろに過去分詞を続けます。

I was taught ...　　you / we / they were taught ...　　he / she / it was taught ...

I was taught by Ms. Smith. / They were sold here. / The car was made in Japan.

● 受動態の過去形の否定文：be動詞の過去形の後ろにnotをつけます。

I was not taught ...　　you / we / they were not taught ...
he /she / it was not taught ...

I wasn't taught by Ms. Smith. / They weren't sold here. / The car wasn't made in Japan.

● 受動態の過去形の疑問文：be動詞の過去形を先頭に持ってきて、後ろに主語を続けます。

Was I taught ...?　　Were you / we / they taught ...?　　Was he / she / it taught ...?

Was I taught by Ms. Smith? / Were they sold here? / Was the car made in Japan?

Grammar Quizzes

A (　　) 内の a または b から適当な語句を選んで文を完成させましょう。 CheckLink

1. Ice cream is (**a.** loved **b.** loving) around the world.
2. The door (**a.** isn't **b.** wasn't) locked last night.
3. (**a.** Was **b.** Were) these pictures taken in Kyoto?
4. *Romeo and Juliet* was (**a.** written **b.** wrote) by Shakespeare.
5. Plastic (**a.** are **b.** is) made from oil.
6. Is (**a.** Spanish spoken **b.** spoken Spanish) in Mexico?
7. When (**a.** was built your university **b.** was your university built)?
8. (**a.** Mai was baked these cookies **b.** These cookies were baked by Mai).

B 日本語の意味に合うように、以下の動詞を受動態に変えて文を完成させましょう（否定文や疑問文の場合もあります）。

find　give　paint　park　play　use　wash

1. This picture ______________ by Picasso.
（この絵はピカソによって描かれました）

2. ______________ the floor ______________ often?
（床はよく掃除されますか）

3. This road ______________ much.
（この道路はあまり使われていません）

4. Where ______________ the money ______________?
（お金はどこで発見されましたか）

5. My car ______________ across the street.
（私の車は通りの向こうに駐車されています）

6. What sports ______________ in Scotland?
（スコットランドではどんなスポーツが行われていますか）

7. This necklace ______________ to me by my grandmother.
（このネックレスは祖母によって私に与えられました）

Short Conversations

(　　) 内のaまたはbから適当な語句を選んで会話を完成させましょう。その後で、音声を聞いて答えを確認しましょう。 CheckLink DL 74 ~ 75 CD 74 ~ CD 75

A
W: This chicken is delicious, Mark. How did you make it?
M: It was [1](**a.** making **b.** made) by my roommate. I think the chicken [2](**a.** frying **b.** was fried) with spices. Then it [3](**a.** was baked **b.** was baking) in the oven.

B
W: These supplements are [1](**a.** taken **b.** took) by many famous athletes.
M: Oh, really? Where [2](**a.** they are sold **b.** are they sold)?
W: I ordered them online, and they [3](**a.** are **b.** were) delivered in two days.

NOTES athletes スポーツ選手　deliver 届ける

Reading

A 次の文を読み、選択肢から適当な語句を選んで空所に書きましょう。その後で、音声を聞いて答えを確認しましょう。 CheckLink DL 76 CD 76

"Radio Taiso"

"Radio Taiso," or Radio Exercises, is an important part of Japanese history and culture. Actually, the program [1] ______________ invented by an American insurance company in the 1920's. It was [2] ______________ to Japan in 1928. After the war ended in 1945, the program was stopped for several years. However, in 1951, a new program with faster music [3] ______________, and it quickly became popular. Today, NHK's "Radio Taiso" [4] ______________ by millions of people throughout Japan.

NOTES invent 考案する、発明する　insurance company 保険会社　millions of … 数百万の…

1.	**a.** is	**b.** was	**2.**	**a.** brought	**b.** bringing
3.	**a.** was made	**b.** were made	**4.**	**a.** is enjoyed	**b.** was enjoyed

B もう一度読んで、質問が正しければTを、正しくなければFを選びましょう。 CheckLink

1. Japan introduced "Radio Taiso" to the United States in the 1920's. T / F
2. "Radio Taiso" started in Japan in 1928. T / F
3. "Radio Taiso" is still popular today. T / F

Writing

A 表の情報をもとに、与えられた動詞を受動態にして、Nickの国の健康に関するものについての文章を完成させましょう。

	Nick	You
A healthy drink product (スポーツドリンク)	-Gatorade	
A healthy snack food product (ingredients) (栄養食品と材料)	-trail mix (granola, dried fruit, nuts)	
Where can you buy these products? (売っている場所)	-supermarkets and convenience stores	
A popular workout item (人気のある健康グッズ)	-yoga mat	
Purpose (使い方)	-stretching, sit-ups, push-ups	

use ***sell*** ***make*** ***eat*** ***call***

One healthy drink in Nick's country 1 ________ Gatorade. For a healthy snack food, trail mix 2 ________ by many people. It 3 ________ with granola, dried fruit and nuts. These products 4 ________ in most supermarkets and convenience stores. Yoga mats 5 ________ by a lot of people, too. You can do stretching, sit-ups and push-ups on them.

B 今度は **A** の表に自分の情報を記入しましょう。その後で、**A** を参考にして自分のことを書いてみましょう。

One healthy drink in my country ________. For a healthy snack food,

____

____

These products ________

____

HINTS health food stores / vending machines (自動販売機) / fitness centers

GRAMMAR REFERENCE

Unit 3 数えられる名詞の複数形の作り方

たいていの名詞 →sをつける	book → books / day → days / shirt → shirts / table → tables
s/sh/ch/xで終わる名詞 →esをつける	bus → buses / dish → dishes / peach → peaches / box → boxes
子音字＋yで終わる名詞 →yを取ってiesをつける	lady → ladies / family → families
f/feで終わる名詞 →f/feを取ってvesをつける	shelf → shelves / knife → knives
oで終わる名詞 →sまたはesをつける	photo → photos / potato → potatoes
不規則に変わる名詞	man → men / woman → women / mouse → mice
単数形と複数形で変わらない名詞	fish → fish / sheep → sheep

Unit 7 一般動詞の過去形の作り方

たいていの動詞 →edをつける	ask → asked / need → needed / want → wanted / help → helped miss → missed / wash → washed
eで終わる動詞 →dをつける	like → liked / live → lived / use → used / move → moved / tie → tied
子音字＋yで終わる動詞 →yを取ってiedをつける	try → tried / study → studied
短母音字＋子音字で終わる動詞 →子音字を重ねてedをつける	stop → stopped / chat → chatted
不規則に変わる動詞	come → came / know → knew / make → made

Unit 8 ing形の作り方

たいていの動詞 →ingをつける	play → playing / miss → missing / wash → washing / catch → catching / do → doing / go → going / try → trying
eで終わる動詞 →eを取ってingをつける	live → living / have → having / come → coming / take → taking ただし、eeで終わる場合はeをとらずにingをつける see → seeing / agree → agreeing
短母音字＋子音字で終わる動詞 →子音字を重ねてingをつける	get → getting / run → running / stop → stopping / swim → swimming
ieで終わる動詞 →ieを取ってyingをつける	die → dying / lie → lying / tie → tying

Unit 10 動詞の過去分詞

動詞の過去分詞は過去形と同じように動詞の最後にedをつけて作ります。
また、以下のように不規則に変わるものもあります。

原形	過去形	過去分詞
become	became	become
begin	began	begun
break	broke	broken
bring	brought	brought
buy	bought	bought
choose	chose	chosen
come	came	come
cut	cut	cut
do	did	done
drink	drank	drunk
drive	drove	driven
eat	ate	eaten
feel	felt	felt
find	found	found
forget	forgot	forgotten
get	got	got/gotten
give	gave	given
go	went	gone
have	had	had
hear	heard	heard
keep	kept	kept
know	knew	known
leave	left	left
lose	lost	lost

原形	過去形	過去分詞
make	made	made
meet	met	met
pay	paid	paid
put	put	put
read	read	read
ride	rode	ridden
run	ran	run
say	said	said
see	saw	seen
sell	sold	sold
send	sent	sent
show	showed	shown
sing	sang	sung
sit	sat	sat
sleep	slept	slept
speak	spoke	spoken
stand	stood	stood
take	took	taken
teach	taught	taught
tell	told	told
think	thought	thought
understand	understood	understood
wake	woke	woken
write	wrote	written

Unit 13 比較級・最上級の作り方

たいていの形容詞・副詞 →er / estをつける	old - older - oldest
eで終わる短い形容詞・副詞 →r / stをつける	safe - safer - safest
短母音字＋子音字で終わる短い形容詞・副詞 →子音を重ねてer / estをつける	big - bigger - biggest
子音字＋yで終わる形容詞・副詞 →yをier / iestに変える	happy - happier - happiest
長い形容詞・副詞 →more / mostをつける	beautiful - more beautiful - most beautiful
不規則に変わるもの	far - farther/further - farthest/furthest many - more - most / much - more - most little - less - least

◀ここからはがして下さい

このシールをはがすと
CheckLink 利用のための
「教科書固有番号」が
記載されています。
一度はがすと元に戻すことは
できませんのでご注意下さい。

4169 English Day!

本書にはCD（別売）があります

English Day!

やさしい英語でまるごと1日過ごしてみる

2023年1月20日　初版第1刷発行
2024年2月20日　初版第3刷発行

著　者　Robert Hickling

発行者　福岡正人

発行所　株式会社　金星堂

（〒101-0051）東京都千代田区神田神保町3-21
Tel.（03）3263-3828（営業部）
（03）3263-3997（編集部）
Fax（03）3263-0716
https://www.kinsei-do.co.jp

編集担当　今門貴浩　　Printed in Japan
印刷所・製本所／萩原印刷株式会社

ISBN978-4-7647-4169-0　C1082